智慧家长这样做

陪孩子成长的
那些事

主　编　郑　蕙
副主编　潘秀琼

SPM 南方传媒

全国优秀出版社
全国百佳图书出版单位
广东教育出版社

·广州·

图书在版编目（CIP）数据

陪孩子成长的那些事：智慧家长这样做 / 郑蕙主编；潘秀琼副主编 . — 广州：广东教育出版社，2024.1（2024.2重印）

ISBN 978-7-5548-5583-6

Ⅰ.陪… Ⅱ.①郑… ②潘… Ⅲ.①家庭教育 Ⅳ.① G78

中国国家版本馆 CIP 数据核字（2023）第 212049 号

陪 孩 子 成 长 的 那 些 事 ： 智 慧 家 长 这 样 做

PEI HAIZI CHENGZHANG DE NAXIE SHI：ZHIHUI JIAZHANG ZHEYANG ZUO

出 版 人：朱文清
策划编辑：卞晓琰
责任编辑：周　莉　刘　甲
责任技编：佟长缨
责任校对：朱　琳
装帧设计：喻悠然
出版发行：广东教育出版社
　　　　　（广州市环市东路472号12—15楼　邮政编码：510075）
销售热线：020-87614229
网　　址：http://www.gjs.cn
E-mail：gjs-quality@nfcb.com.cn
经　　销：广东新华发行集团股份有限公司
印　　刷：广州小明数码印刷有限公司
　　　　　（广州市天河区高普路83号B栋C5号）
规　　格：787 mm×1092 mm　1/16
印　　张：15
字　　数：220千
版　　次：2024年1月第1版
　　　　　2024年2月第2次印刷
定　　价：48.00元

本书编委会

主　编：郑　蕙

副主编：潘秀琼

编写人员（以姓氏笔画为序）：

　　李　偲　李金凤　李昱娴　吴必娴

　　黄艳钏　曹　莹　韩庆凯　赖慧珊

养正扶助，陪伴成长

  品读广州市天河区正面教育的案例成果，收获良多。印象最深的，是三个关键词：正面、案例、陪伴。受邀作序，我就谈谈对这三个关键词的感受。

  教育本身就是正面的，教育即正面教育。或者说，养正扶助是教育的"本心"。人若不可教育，教育也就没有了存在的必要，人的可教育性是教育存在的前提。所谓可教育性，即人本身就具有积极的、向善的力量，教育就是要将本已存在的人性力量扩充、壮大。教育从来都不是"无中生有"的，而是"从小养大"的。我们常说，教育就是要在儿童心灵中种下良善的种子，但仔细推敲，这种说法并不准确。良善的种子本已在孩子的心灵之中，教育的任务不是播种而是呵护，教育是从种子到发芽、发育、成长的全过程。

  对教育本心的发现古已有之。儒家主流的性善论，其实就是正面教育的人性根基。孔子讲"天生德于予"，将"德"视为"天道"在人身上的体现，"修德"（修己、修身）就是对每个人天生就有的德行的养与育。孟子讲"四端"，即恻隐之心、羞恶之心、辞让之心、是非之心，"人皆有之"。教育所要做的，不是在"四端"之外去开辟新的内容，而是将人

本身已经有的这"四端"扩而充之。

苏格拉底的"回忆"，阐明的正是德行是灵魂本身的蕴含，教育不在植入，而在"引出"，即将灵魂本身所蕴含的德行牵引出来并使之经过理性的验证进而发展壮大。亚里士多德将人的德行分为自然德行与完满德行两个层次，所谓自然德行就是天生就有的禀赋，而完满德行则是自然德行经过实践智慧淬炼与理性融合为一的德行。后者虽然是教育之追求，但对后者的追求一定是以前者为基础的。

正面教育即将人本已有之的良善德行呵护好并使之发展壮大，这不仅符合人之本性，也是教育规律的要求。人是复杂的存在，既有良善本性，也有作恶的可能，甚至可以说善恶一体。在成长过程中，在正向力量尚不够强大的情况下，将发展中的人暴露于恶的事物之中，其实是将其置于危险之中。因为在"正未养足"的情况下，人对恶的"免疫力"低下，很容易被恶沾染、腐蚀。养正，就是将儿童本身已有的良善力量扩而充之，而得到壮大的良善力量，其实也是抵御恶之侵袭的力量。

人们对正面教育有一些误解，比如认为正面教育就是将儿童放在温室之中，无法经历风雨的考验，也就无法形成对恶的"免疫力"。事实上，正面教育不回避恶，而是先养正，即在儿童获得一定的良善力量，对恶有了一定的抵抗力之后，才有节奏地让他们去面对恶，让良善力量经受淬炼进而得以坚固化。

养正扶助的教育本心，在现代教育中渐渐被蒙尘、遮蔽。在一些教育活动中，养正不再是焦点，而防范、惩处则成了焦点，教育活动变成了预防犯错与惩处儿童的代名词。这种教育活动背后，其实是有人性预设的，即不再相信人包括儿童的良善本性，不再相信教育的养正本心，反而相信人与儿童的消极性，相信教育的任务在于防堵或"制恶"。

预设即教育。当我们从消极方面来预设、看待儿童的时候，我们的教育实践本身就带有了消极性，本身就在向儿童发出暗示。在一定程度上，预设也是诱发。预设儿童的消极性，儿童就会表现出消极性。防堵或"制恶"导向的教育，在儿童犯了错误之后，往往实行严厉的惩处。在惩处逻辑下，让犯错者付出代价以吓阻犯错者和其他人不再犯错的逻辑成了主导性的逻辑。吓阻逻辑，利用的不是儿童内在的积极力量，而是恐惧等消极因素。吓阻逻辑的盛行，使教育异化为与法律制裁类似的活动，养正扶助的教育本心则被进一步搁置。

以吓阻、威慑为逻辑的"消极教育"（如果还算得上是教育的话）问题如此明显，但在现实中为什么还有那么多人痴迷向往呢？这里面有一个迷思，那就是不切实际地渴望通过"非教育的方式"来解决教育问题，渴望通过威慑来"防患于未然"，渴望通过惩处来获得立竿见影的效果。威慑利用的是人的消极力量，压抑的是人的积极力量，效果不能长久还是其次，关键是不能促进人的发展；惩处频用，掩盖的是问题，带来的是伤害。学术研究早已发现，那些在学校总是受到惩处的孩子，走出校门之后做出的越轨、违法甚至犯罪行为往往更为严重。

正面教育是教育的"本心"，这个道理不难理解。但知易行难，在大规模、竞争化的教育时代，如何实行是一个很大的挑战。在大规模教育下，约束是最容易使用的手段，而约束利用的是人的自我保护等消极力量；同龄人聚集在一起接受教育，激发竞争是最方便的管理手段，而竞争逻辑背后同样是利用人之争强好胜等消极力量。作为教育之本然形态的正面教育困难重重，而消极教育则畅通无阻，可以说是正反颠倒。在这种局面下，渴望一朝一夕式的全局性改变并不现实，但可以从局部和细节做起。广州市天河区通过多年实践研究所凝聚的正面教育案例集，正是这种努力的体现。

这套丛书，聚焦正面教育的丰富案例，以鲜活的教育活动细节来呈现正面教育的生动过程。每一个案例，都是从行为描述开始，然后详细呈现正面教育的全过程，最后是教育反思。这样详细的呈现，能最大限度地展

现针对具体行为问题进行正面教育的细微精到之处，"毫发毕现"，可以为读者的学习和使用提供最为详尽的参考。更为难能可贵的是，这个成果集，不但细说了如何做的过程，还讲清楚了这样做的道理。在每个案例的开头，都简明扼要地呈现了所针对的行为问题、所运用的正面教育理念与所使用的正面教育工具。这个看似简单的环节，实际上至关重要，一方面为整个教育案例的展开提供了理论依据，另一方面也为读者如何借鉴、使用案例提供了理念与方法指导。

以案例呈现研究成果也有局限性，那就是不易体系化。本套丛书对这个局限性也有所突破。每个案例聚焦于一个问题，但几个案例组成一个"单元"，共同指向一个"问题域"，不同的"问题域"组合在一起，就涵盖了不同学段儿童发展中的基本主题，比如，小学阶段的"问题域"包括内驱力、师生关系、情绪管理、班级生活、行为规范，建构出对小学生进行正面教育的一个相对完整的体系。这样的精心设置，既可以为读者提供单个问题的详尽参考方案，又可为正面教育的整体实施提供体系化指引。

丛书所进行的正面教育，也可以说是家长和教师以陪伴的方式进行的，体现出"教育即陪伴，陪伴即教育"的特色。案例所记录的，从专业来看，是正面教育的一个个细节；从生活来看，是父母和教师陪伴儿童成长的过程。儿童无法独自成长，每个儿童的成长都发生在"人之间"，都需要上一辈的陪伴。陪伴作为教育方式，有约束、管理、管教、训练等其他方式所没有的独特优势。首先是陪伴具有情感性。父母和教师对儿童成长的陪伴，其实是爱的一种方式，是以陪伴去爱儿童。其次，陪伴包含着对儿童自主的尊重。作为教育者，我是陪儿童成长的，在儿童需要的时候会给予帮助，但成长与发展主要还是儿童自己的事情，我不会横加干涉。再则，陪伴也是示范。教育者的陪伴，不是将注意力都放在儿童身上，时刻关注儿童做了什么、该如何做，而是与儿童自然交往，以自己的良好行为与适当反应为儿童做出示范。最后，陪伴作为教育方式，体现了"大处着想，小处着手"的思想。教育者陪伴儿童，不是想去主导其生活与发展方向，而是扶助其自主发展，让他们成为主体性存在，这是从大处着想；但在具体生活细节上，教育者又时刻在儿童身边，给予尽可能的支持与帮助，这是从小处着手。两个方面结合，才是有效且美好的教育。

以上是我学习正面教育案例集的点滴体会，权充为序。

华东师范大学教育学部　高德胜

2023年11月

目　录

3—6岁　家庭正面教育

7—9岁　家庭正面教育

10—12岁　家庭正面教育

13—18岁　家庭正面教育

3—6岁

家庭正面教育

孩子很脆弱怎么办

行为关键词：内向腼腆，敏感脆弱

运用正面教育理念：

1. 孩子的首要目的是追求归属感和价值感。

2. 犯错误是学习的好时机。

运用正面教育工具：

1. 决定你将做什么，而不是引发权力之争。

2. 放下并不是遗弃孩子，而是让孩子学习责任感和能力感。

3. 避免娇纵。

4. 鼓励与表扬。

行为分析

  初生牛犊不怕虎，每个孩子生来都是勇敢的。尤其是在幼儿时期，他们的潜意识里没有"危险"这两个字，他们喜欢去冒险，喜欢去感受，喜欢去体会他们所无法知晓的新鲜事物。他们通过自己的不断尝试去锻炼抗挫能力，使自己变得更加强大和勇敢。但随着家人们每天重复不变的话语，"这个不行，那个不能碰""这个不安全，那个要小心"……孩子们慢慢发现原来生活中到处都是危险，可能一不小心就会受到伤害，他们是如此弱小，还需要更多的呵护。渐渐地，孩子们的抗挫能力下降了，而这种情形很多时候是因为家人过度保护和溺爱造成的。

在《正面管教》这本书中，有一句话让我印象深刻：父母要让孩子明白，失败也是一种成长。孩子是社会人，随时随地都在做着决定，并形成对自己、对世界以及对应该做什么才能求存或者成长的信念。培养孩子的价值感和归属感才是孩子真正变得强大的内驱力。

我家女儿小宝小时候总喜欢拉着我的衣角走路，她不喜欢和小朋友一起玩，只喜欢黏着我，像个"小黏豆包"一样，我稍微离开一下她就哭得稀里哗啦，哭声几乎可以让邻居都听到。看到别的小朋友在玩，她都是远远地望着，有时同龄的孩子想和小宝一起玩，追着她跑，她却拉着我的衣角一直躲着。为此我很苦恼，也很无助。

一转眼，女儿到了上幼儿园的年龄了。我经常和孩子爸爸说："小家伙太胆小了，内向又爱哭，敏感又脆弱，这以后可怎么办呢？"我愈发担心，担心她无法和小朋友们交流，担心她无法融入幼儿园的生活，担心她在幼儿园会受欺负……各种不好的念头在我的脑海里不停地翻滚。我常常思考，孩子这样敏感的行为是因为性格所导致，还是有其他什么原因呢？

我在网上不停地搜索这个问题，渴望能从中找到解决的方法。终于，我看到了《正面管教》这本书，看到了封面上有这样一句话：如何不惩罚、不娇纵地有效管教孩子？孩子只有在和善而坚定的气氛中才能培养出自律、责任感、合作以及自己解决问题的能力。这就是我要找的答案！我如饥似渴地阅读起来。正面教育的出现，彻底改变了我对孩子的看法和对孩子的教育方法，最重要的是改变了我自己。正面教育让我不再焦虑，让

我在陪伴孩子成长的道路上变得从容、有智慧。

那是个阳光明媚的下午，我和母亲带着孩子在小区散步时刚好接到一个电话。当我在一旁正讲着电话的时候，眼角的余光扫到孩子一个人走向了一座假山，我赶紧示意孩子的外婆跟上去。当看到小宝竟然准备自己爬上假山时，小宝外婆用几近发颤的声音大喊道："小宝！不要过去，会摔跤的！"声音刚落，小宝外婆就已经冲过去，抱起了孩子。后来，小宝几次试图在她外婆不注意的时候继续爬山，但最终还是没有成功。

那一刻，我似乎明白了，要改变孩子的"脆弱"，并不是要孩子如何去改变，而是我们家长要如何去"放下"，不要再以爱的名义娇纵孩子。我们能够给孩子的最好礼物之一，是允许孩子发展"我能行"的信念，让其有责任感和能力感。

从那天开始，我和家里人商量，不再阻止孩子去探索世界的脚步，不再阻止她用自己的方式去感受世界，不再事事都为她做好一切准备……

我们开始放手让她自己尝试做力所能及的事情，即便是做错了，也要相信孩子能从错误中学习到更多的知识，从而使她的内心变得强大。

有一次在游乐场，我们发现有个小妹妹在哭，女儿拉了下我的衣角让我停下来，小声地对我说："是不是小妹妹找不到妈妈了呢？我们可以过去看看吗？"

此刻，一个念头在我的脑海中浮现：为什么不让她去帮小妹妹找妈妈呢？

于是，我对女儿说："你可以拉着小妹妹的手一起去找她的妈妈吗？我们要快点找到小妹妹的妈妈。妈妈的腿不太舒服，可能没有办法走得很快，我在后面跟着你们走可以吗？"

女儿诧异地看着我说："妈妈，万一找不到小妹妹的妈妈怎么办呢？这样的话小妹妹是不是就没有妈妈了啊？"话音刚落，她的眼泪就哗的一下流了出来。

我蹲下身，拉着她的手说："妈妈相信你是勇敢的，勇敢的小朋友才能帮小妹妹找到妈妈啊！"

女儿好像听懂了我的意思，她不再哭了，而是对旁边的小妹妹说："小妹妹，别担心，我们一起去找你的妈妈吧！"就这样小宝拉着小妹妹的手向前走着，但走了三个区域还是没有找到小妹妹的妈妈。

小妹妹有点着急了，眼泪又开始流了下来。我走上前拉着小妹妹的手，对女儿说："我们还有什么办法可以快点找到小妹妹的妈妈呢？"这时女儿突然顿悟："或者我们可以带小妹妹去工作人员那边，请他们帮忙播放寻人广播，这样阿姨就能听到了。"

"这个办法好，爱动脑筋的小朋友办法好多啊！"我笑着边说边指向服务台方向，而我依然走在她们的后面。

快到服务台的时候，女儿停顿了一下，我能感觉到她的胆怯，这时候小妹妹拉了一下她的衣角，女儿突然像想到了什么似的，继续朝着服务台走去。

很快，小妹妹的妈妈听到广播后来到服务台，小妹妹对她妈妈说："是这个姐姐一直在帮助我。"听完，小妹妹的妈妈走到我们面前，竖起大拇指，夸奖小宝是个勇敢的孩子。

当母女俩的身影渐渐消失在茫茫人海中后，女儿跳着和我说："妈妈，我帮妹妹找到了妈妈，真开心！你知道吗，刚刚我好害怕去找播音员姐姐帮忙，可是小妹妹拉了下我的衣角，我觉得这就像我拉妈妈的衣角一样，小妹妹需要我的帮助，突然自己一下子就不害怕啦。"

看着她脸上灿烂的笑容，我顷刻间感觉到了一股力量！是呀，允许孩子发展"我能行"的信念，让孩子有责任感和能力感，这真是种神奇的力量！

再到后来，我发现，放手越多，女儿越能从自我成功中找到更多的自信，她开始大胆地尝试更多曾经不敢做的事情。而我们在这个过程中也学

会了运用正面教育的理念，不断给予她鼓励和表扬。她不再是小时候那个内向腼腆、敏感脆弱的小女孩了！

每次当她有一点点进步、一点点成功时，我们都会大声地对她说："你努力了，你一定会为自己感到骄傲的！"在我们的不断表扬中，小宝成了一个"寻求认可迷"。看着她的进步，我们的目标更明确了，方向更清晰了，我们开始为此制订更多的计划。既然小宝已经从自我认可中找到了自信，那么接下来我们将带她走出家门、走进社会。我和孩子爸爸商量后，决定带小宝走上做志愿者的成长道路。

实施效果

女儿上小学后，我有幸参加了多期由学校举办的正面教育家长培训活动，每一期我都收获满满！我更加深信正面教育能带来更好的家庭教育理念和方法。

同时，我带着女儿参加各种志愿活动，从保护环境，到慰问特困家庭，从垃圾分类到上门探访……小宝从"被别人帮"转换成"主动帮人"，这一角色的改变，培养了她的社会责任感，她明白了并非只有父母才能为她做什么，有些事情她自己也可以做好，而且还可以帮助父母和其他有需要的人。她因此找到了自己的价值所在，从中获得了归属感。我更加坚信"决定你自己要做什么，而不是让孩子做什么""纠正行为之前先建立连接"的正面教育理念。与其担心孩子敏感脆弱，不如带孩子去面对问题，与孩子建立情感连接，然后共同找到解决的方法去击败它，提高孩子的抗挫能力。

当我们明白家长要做什么，而不是让孩子要做什么的时候，我们就开始让自己成为孩子的榜样，并带着孩子去成为别人的榜样。在这个过程中，孩子找到了归属感和价值感，从而更加勇敢与坚定。现在的小宝活泼、勇敢、善良、有爱心，懂得关心同学、照顾家人。

曾经那个只会拉着我衣角走路的小家伙已经长大了，她不再敏感脆弱，而我们的志愿旅程还将继续为爱前行。

作 者 信 息

姓　　名：孙英　　　　　　　　单　　位：广州市天河区昌乐小学

孩子遇到挫折，家长这样做

行为关键词：抗挫能力弱，敏感脆弱

运用正面教育理念：

1. 孩子的首要目的是追求归属感和价值感。

2. 接受不完美，犯错误是学习的好时机。

3. 花时间训练，小步前进。

运用正面教育工具：

1. 认同感受。

2. 鼓励：教孩子自主，而不是依赖于他人。鼓励引发自我评价。

3. 细小步骤：把任务细化，让孩子体验成功。

行为分析

　　在幼儿阶段，孩子往往不断学习新的技能或尝试达成某一目标，在此过程中，他们可能会面临各种挫折，以至于产生沮丧、畏难情绪，更有可能出现抗挫能力弱、敏感脆弱的情况，从而放弃尝试和探索。

　　正面教育告诉我们：孩子所有的行为都是内在需求的外在表达，每个不当行为的背后，也许都隐藏着一个未被满足的需求，我们要去发现它、满足它。如果孩子在尝试和探索中感觉到强烈的挫折感，且无法走出来时，大人可以给予他们支持、认同，以及鼓励。

情景案例

　　随着孩子逐渐成长，幼儿园开始对孩子提出了一些体育方面的要求，例如通过折返跑、立定跳远、拍篮球、投掷沙包等体育项目锻炼孩子的体能，幼儿园老师每周也会在《我的小脚印：幼儿成长档案》上反馈孩子的体能锻炼情况。一个周五晚上，我拿出《我的小脚印：幼儿成长档案》翻看孩子的本周情况。幼儿园老师委婉地指出我家儿子几个体育项目的测评情况不是很理想，需要加强练习。因此，我感觉到有必要对孩子进行"特训"了，不能再放任自流。

　　晚饭后，我招呼孩子："走！我们下楼溜达一会！"儿子兴高采烈地随我下楼，并按要求练习了几个薄弱的项目。我发现，除跑步外，他立定跳远、拍篮球和投掷沙包的表现很一般：跳远的动作懒洋洋、软绵绵的，气势还不如一只蹦跶的小青蛙；拍篮球拍到十几下时就容易脱手；投掷沙包时，沙包不是沿抛物线斜向上发射出去的，反倒像给花朵浇水一样垂直下落……我皱起眉头，儿子却像没看到我的表情，仍嬉皮笑脸，拿沙包抛来抛去，兀自玩耍。我有点生气了，边比画距离边指责孩子："你这样丢沙包能行吗？往上抛，不是往下丢！你跳远稍微用点力，至少得这么远吧！"

　　儿子看了我的比画，继续练得满头大汗，但可能还没掌握技巧，效果仍然不好。儿子有些焦躁了，把沙包往地下用力一扔，坐在篮球上，生气地说："不练了，不练了！"我蹲下去对着他说："才练多久呀！再坚持一下！"可儿子涨红了脸，开始尖叫："我不想练了，这一点都不好玩，我不想练了！"

　　我有些生气，也有些失望，想批评他又想鼓励他，但最后却什么

都没说，只是默默地捡起沙包，说了一句，"我们回家吧"。回家后，儿子一整晚都情绪低落，默默地坐着玩玩具，眉头紧皱，嘴巴倔强地嘟起来。

晚上，我和孩子妈妈对这个情况进行分析。孩子妈妈认为，我对孩子的责备，实际上反映的是急功近利，没有考虑到孩子的感受。我认真地回想，并进行反思。我意识到，对照正面教育的理念，孩子不当行为的背后很可能是在寻求归属感和价值感。正面教育也提到，要从认可孩子的情绪开始。

我和孩子妈妈翻阅了关于正面教育的书籍，从中汲取正面教育的营养，并分析了孩子的情况，反省我们自身存在的问题。自孩子进入大班后，我们仍然遵循以往的教养方法，任由他玩耍，对体能测试不作引导，认为只要在幼儿园好好训练就没问题了。一方面，我们不清楚怎么教；另一方面，我们也难以体会孩子在练习过程中的具体感受，就想通过短时间的练习让孩子突飞猛进，实在是有点操之过急。这种急躁会感染到孩子，一旦练习不顺利，孩子自然容易"玻璃心"。

正面教育一直强调，家长要认可孩子的感受。

周六上午，孩子在桌前拼装乐高玩具，我坐在他旁边，看他的小手灵活地翻飞，用一块块积木搭建出各种形状的坦克。我想起正面教育中提到的"纠正行为之前先建立连接"，于是坐到孩子的身边。

"你拼的这个坦克是什么型号呀？"我问道。

"它是KV-44，爸爸你看，它的炮管多粗呀！"睡了一觉，儿子似乎已经忘记了昨天的不快。他把小坦克放在我面前展示。

我试着把坦克的炮管调低，问："你猜猜这个坦克是想打击近处的目标，还是远处的目标呀？"儿子不假思索地说："近处。"我又把炮管调高，接着问他："这次它想打哪里？""远处！"儿子肯定地说。我对儿子竖起大拇指，说："我发现，你很善于观察和思考，给你点个赞！"儿子听了很开心，我接着说："这个小坦克发射炮弹的原理是不是和你昨天投掷沙包的原理一样？昨天晚上爸爸不停地让你练习，还责备你，你是不是有点不高兴啊？"

"嗯，我觉得有点难，跑完步后又马上练习投掷沙包，又热又累，你又不停地催我，我就更不想练习了。"儿子回答道。

我摸摸他的头，说："爸爸先给你道歉。我思考了一下，爸爸小时候也不一定能将这些项目全部做好，昨天却想让你一下子就练会练好，忽略了你的感受。昨天你已经有点累了，又没掌握练习方法，所以才会发脾气不想练了，对吧？"

儿子点点头。我抱了抱他，指着他拼好的各种积木玩具说："爸爸觉得你很棒，人很难十全十美，但是你面对自己喜欢的、熟悉的事情时善于探索，很有创造力，也很专注。爸爸相信，在其他的事情上，只要你熟悉并掌握了方法，也一定能做好！"

儿子也抱了抱我，然后从椅子上跳下来，提议去练习一下昨天的项目。我有点惊讶于他的转变。

此后，按照正面教育提倡的"把任务细化，让孩子体验成功"的办法，我试着让自己代入孩子的角度，参照幼儿体能达标的示范视频，把跳远、拍球、投掷沙包的动作进行分解，带着孩子一起练习。为了记录他的进步，我也设置了一个星星表，每次练习完，让他自评总结，如果确实觉得自己有进步就可以贴个小星星。坚持了一段时间后，孩子在练习时没有那么焦躁了，虽然也偶有不顺，但不再出现抗拒和放弃的情况。

随着表格上星星数的增长，孩子也逐渐掌握了投掷沙包的动作要领，提高了体能成绩。

实施效果

　　孩子抗挫能力弱，其根源既在于自身确有短板，也源于家长情绪的影响。认识到这点，我们一方面调整了和孩子的相处模式，在组织体能练习时，把"下命令+催促完成任务"的方式转变为"注重感受+自我总结激励"的方式，这样更有利于他的情绪稳定。同时，我们也采取措施，把总目标分解成孩子易于操作和掌握的小目标，让孩子记录自己的每一次进步，激励孩子产生自驱力。

作 者 信 息

姓　　名：孔明
单　　位：中共广州市天河区委机构编制委员会办公室

孩子一遇到困难就退缩，怎么办

行为关键词：畏难退缩

运用正面教育理念：

1. 孩子感觉好的时候，表现才会好。

2. 确保把爱的讯息传递给孩子。

3. 花时间训练，小步前进。

运用正面教育工具：

1. 鼓励的三种语言：我注意到……；我很感谢你……；我相信你……。

2. 安排"特别时光"。

行为分析

　　3—6岁是幼儿期，在这个时期，一方面，孩子不免带有一些婴儿的"痕迹"；另一方面，由于身心发展迅速，他们又开始具有幼儿期的显著特点。他们对那些形象鲜明、具体生动、能够满足幼儿个体需要或者能激起强烈情绪体验的事物，很容易自然而然地记住。但这时的孩子动手能力和独立能力十分有限，理解事物常常要依靠具体形象，往往按照自己的生活经验或个人喜好来进行判断、行动，做事很难坚持，容易一遇到困难就放弃。

正面教育告诉我们：孩子所有的行为都是内在需求的一种表达，孩子的每个不当行为的背后，也许都隐藏着一个未被满足的需求，我们要去发现它、满足它。如果孩子一遇到困难就想退缩放弃，我们需要与孩子建立更多的"特别时光"，花时间训练，和孩子一起成长和进步。

情景案例

小孩子的童年是快乐又美好的，我们家的南南亦是如此。

那天，我下班拿完快递回家。南南看见我手里拿着一个扁扁的小盒子，她以为是什么新奇的小玩具，兴致勃勃地向我跑来。但她拿到手之后，眉头突然紧皱起来，我赶忙询问："南南怎么啦？"

"妈妈，这是什么呀？我不喜欢。""这是拼图呀，还是你最喜欢的白雪公主呢，你只需要把打乱的拼图全部拼在一起就好了。"我有些不解地说。

"哦，妈妈，那你和我一起玩！"南南嘟着嘴说。

"宝贝你先自己玩，妈妈忙了一天了，先去洗个澡，你自己要乖喔！"

"好吧！"南南张了张嘴应了我一声，眼神里貌似有些失落。

算得上是"风尘仆仆"的我，洗完澡后一身清爽，走到客厅，发现桌上只有散乱摆放的拼图，却不见女儿的踪影。我来到房间，看见南南正趴在床上，目不转睛地玩着平板电脑，我疑惑地问她："南南怎么不玩拼图了，是妈妈买的你不喜欢吗？"

南南闻声，抬眼看着我说："不是的，妈妈，我打开试着玩了，但我不会拼。"

"怎么就难了呢？它只有九块，很容易的呀，妈妈教你好吗？"

"哼！不要，我就是觉得难！我不玩了。反正你也没有时间陪我玩。"南南把头别过去另一边，脑袋倔强地摇晃着。

天色已晚，我躺在床上，看着身旁熟睡的南南，心里暗自叹息。最近工作太忙了，我平时回到家已经很累了，就让她自己玩，慢慢地，她好像对什么都没有兴趣了……

第二天早晨，阳光照得房间亮堂堂，南南和奶奶吃过早饭，正坐在桌前，看着拼图发呆。我想：她可能也是想尝试的吧，只不过是没找到方法罢了，我的脑海里浮现出一个想法——要确保把爱的讯息传递给孩子。

我坐到南南身边，轻声说："南南，对不起，妈妈最近太忙了，陪你的时间也少了。但是妈妈想告诉南南，妈妈在工作最忙最累的时候，心里都会想到我的宝贝南南。一想到南南在等我下班回家，妈妈就想快点把工作做完，好回家陪你。"南南听完，把头埋进了我的怀里。

"南南，你看，这么可爱的'白雪公主'，我们怎么能让她躺在桌上呢，宝贝，要不妈妈和你一起拼，然后拼完了给爸爸看好不好？爸爸都还没见过这么可爱的拼图呢！"

"好，妈妈，我们可以一起拼吗？"

"当然可以，妈妈陪你一起拼。"南南终于愿意动手拼了，果然是孩子感觉好的时候，表现才会好。我的内心像灌了蜜似的，说不出的开心。

"咦？不对，这块应该是在这里的，南南你看，白雪公主的裙子应该在脖子下方才对。我们一起把它挪过去吧。"我在一旁温柔地指引："宝宝，白雪公主的脚应该在下面，你把它放头顶干吗呀？""这块反了喔，南南，我们把它放正……"时间一分一秒过去，拼图在我们俩的配合下终于拼好啦，南南拉着我的手说："妈妈你看，我们拼好啦，白雪公主的裙子竟然真的有那么长，还有那双大大的眼睛。哇，真是漂亮极了！""对呀，妈妈也很喜欢，听说白雪公主是世界上最美的公主，那南南可以独自

拼一次吗？""啊？真的吗？我不行的。"从南南的眼神里，我看出一些不自信。我柔声安慰道："没事的，宝贝，错了没关系，加油！妈妈在旁边给你打气，记住刚刚妈妈是怎么教你的。""好的，妈妈，我试一试。"南南边说边开始拼了。

"这块是白雪公主的皇冠，应该放在上面。这块是树林和小花，应该放在白雪公主的身边。这块是白雪公主大大的、长长的、美美的裙子，应该在这里。"南南就这样自言自语地自我引导。没过多久便听到她喜悦的声音："妈妈，我拼好了！"我看了一下时间，竟然才用了几分钟就拼好了。花时间训练，小步前进，一天一点进步。我有些惊讶："南南好棒，南南太厉害了，妈妈给你竖一个大拇指！"我的嘴角情不自禁地向上扬。这时南南已经把奶奶叫出来："奶奶你看，白雪公主漂亮吗？""哇！这么漂亮的裙子，是南南拼好的，那奶奶一定要叫爸爸帮你也买一条这么漂亮的裙子奖励你，好不好啊？""好呀好呀，我可喜欢啦！"南南高兴地跳了起来。窗外的树枝随风摇曳，偶尔有一只鸟停在树梢，好像在为南南欢呼！看着南南一天天的成长，我非常欣慰。

实施效果

明白了孩子的行为很可能就是为了寻求价值感与归属感后，我和孩子爸爸都会利用下班的空余时间，与孩子共享更多的亲子"特别时光"。我们坚持花时间和孩子一起玩拼图，南南也在一点点进步。

再后来，南南确实也慢慢喜欢上玩拼图了，不但要求我们多给她买一些回来，而且经常主动邀请爸爸妈妈和她一起玩。在玩的过程中，南南也会观察拼图的图案，基本可以独立完成，即使遇到难一点的拼图，她也不再轻易放弃，还经常自言自语地说："我要动脑筋想办法，我不会随便放弃的！"此时，我为孩子的进步与成长自豪，也为正面教育的成效欣喜。

作 者 信 息

姓　名：王华　　　　　　　单　位：广州市天河区新昌学校

17

当孩子遇到情绪小怪兽，家长可以这样做

行为关键词： 情绪多变，不能控制情绪

运用正面教育理念：

1. 孩子的首要目的是追求归属感和价值感。

2. 确保把爱的讯息传递给孩子。

3. 尊重与平等、和善与坚定并行，不娇纵不惩罚。

运用正面教育工具：

1. 认同感受。

2. 选择轮：教孩子使用选择轮是解决问题的一种方法。

3. 鼓励与表扬。

行为分析

    学龄前的儿童容易沉浸在自己的世界中，缺乏自我控制情绪的能力，喜怒哀乐都容易表现出来，遇到不合自己心意的事情时总是容易生气发怒。

    正面教育告诉我们：孩子所有的行为都是内在需求的一种表达，孩子的每个不当行为的背后，也许都隐藏着一个未被满足的需求，我们要去发现它、满足它。如果孩子没有认识到自己的内在情绪，就容易爆发出激烈的行为。

情景案例

吃完午饭，儿子自己在客厅玩磁力片，突然，在厨房干活的我听到了他大哭的声音。我立刻出去看发生了什么事，原来是儿子用磁力片拼成的汽车因为磁力片称重不够坍塌了。

我安慰道："没关系的，重新拼就好啦。"

他边哭边要求我："你帮我拼！"

我跟他解释妈妈还要干活，没空拼，而且玩磁力片的是他自己，不应该由妈妈去帮他拼。他不听，继续哇哇大哭说："不行，你就要帮我拼！"

看到他不依不饶的样子，我只好帮他拼，拼完后，他又大哭说："不是这样子的。"

"那是怎样的呢？妈妈不知道你想要什么样子，你自己拼吧！"我不耐烦了，生气地说。

他开始撒野，坐在地上发脾气扔玩具。我更加生气，也学着他那样扔了他的玩具，他哭得更厉害。我大喊："你再无理取闹我就把你的玩具都丢了。"

他哭着说："不要，我不要……"

孩子爸爸听到了我们激烈的争吵声，出来调解……

当天晚上，我跟孩子爸爸聊起今天发生的事情，在他的分析下，我开始反思自己的行为，意识到自己在处理儿子闹情绪时的不当行为。

第二天，我和儿子一起复盘昨天的事情，我先跟他道歉，表示我有

做得不好的地方，并认同他的感受。我对儿子说："妈妈昨天没忍住发脾气，是我做得不够好，但是你做得也不对，我们都要学会管理好自己的情绪。"

我找来了《我的情绪小怪兽》这本书，和儿子一起读了三遍。

儿子问我："妈妈，我是不是也像情绪小怪兽一样会变成五颜六色的？"

我回答道："傻孩子，情绪小怪兽有不同的情绪，当它开心的时候会变成黄色的，当它生气时会变成红色的。而我们人类，也像情绪小怪兽一样，有不同颜色的情绪，你看，当它生气时，这张红色的画面是不是很可怕？"

"是的，它好像着火了，原来生气会这么可怕！"儿子天真地说道。

我笑了笑，告诉他："每个人都有不同的情绪，但如果我们能认识这些情绪给我们带来哪些影响，我们就能接受自己的情绪，并且能控制心中的情绪小怪兽，你想跟着书中的情绪小怪兽一起学着管理自己的情绪吗？"

"我想！"儿子干脆地说。

我让儿子拿来一张卡纸和一支笔，让他头脑风暴，画出情绪小怪兽管理情绪的方法，然后制作成一个选择轮，并和他一起约定，当我和他有情绪的时候，我们一起来转动选择轮，把心中的情绪小怪兽安顿好。

儿子结合《我的情绪小怪兽》一书里面的内容，把情绪选择轮画了出来（图1）。

图1　自制情绪选择轮

他用红色卡纸制作选择轮，并在选择框中画了相应的能让自己情绪缓和下来的图案：一个音响、一个水果、一幅拼图、一本书、一瓶奶、一只猫、一部遥控汽车、一个积木墙。我问他为什么要把这些东西画出来，他跟我解释道："妈妈，当我的情绪小怪兽出现的时候，我想到了可以通过转动这个选择轮来让自己的情绪小怪兽安静下来。我可以让智能音箱播音乐或者讲故事，我可以到水果篮拿自己喜欢吃的水果，我可以拼一幅拼图，我可以用点读笔读一本书，我可以喝一瓶奶，我可以抱抱我的小猫，我可以玩一下遥控汽车，我还可以坐在积木墙前拼一幅积木画。"

"哇！你有那么多能够让情绪小怪兽冷静下来的方法呀！我要给你鼓掌！"我激动地说道。

有时候，当儿子又闹情绪时，我就用鼓励的语言告诉他："我可爱的儿子，你上次利用了选择轮控制了你心中的情绪小怪兽，妈妈忍不住要给你竖个大拇指，你真棒！这一次，我相信我可爱的儿子一定也能安抚好自己内心的情绪小怪兽。"

听到我的话后，儿子立刻开始调整自己的情绪，走去情绪选择轮选择自己喜欢的方法来进行自我调整。有时候，他会选择到积木墙去拼一幅表达自己当下心情的积木画，当我看到他自己拿着小凳子坐在积木墙前面安安静静地拼积木时的样子，我自己的心态也变得平和了。相比于以往"火星撞地球"的处理情绪的方式，利用选择轮来调整情绪则能让我们家减少"鸡飞狗跳"的情况。这就是正面教育的能量和魅力所在吧！

实施效果

当我再次重读《正面管教》一书，我对于孩子为什么总是动不动就发脾气又有了新的认识。马斯洛需求层次理论给我提示，

孩子不当行为的背后是因为他内在的需求没有得到关注或满足。这时候，我应该要先调整自己，与他一起直面情绪，做情绪的掌控者。

后来，儿子在情绪管理方面有明显的进步。现在，他自己又把选择轮的内容丰富了，里面有更多的方法供他选择，他还要求我和他爸爸一起参与。在正面教育理念的引导下，我和儿子都能更好地控制自己的情绪。

作 者 信 息

姓　　名：刘佩仪　　　　　单　　位：广州市天河区新元小学

无理取闹的孩子

行为关键词：耍赖，无理取闹

运用正面教育理念：

1. 孩子的首要目的是追求归属感和价值感。

2. 纠正行为之前先建立连接。

3. 确保把爱的讯息传递给孩子。

4. 关注问题的解决，而非让孩子付出代价。

运用正面教育工具：

1. 从错误中恢复关系的"四R"：承认错误—承担责任—道歉和解—专注于解决问题。

2. 近距离倾听。

3. 积极的暂停。

行为分析

5岁的幼儿，正处于自我意识开始萌芽的时期。他们开始寻求得到家人的关注，会做一些之前爸爸妈妈不允许他们做的事情，有时还会制造一点小麻烦，希望能够得到更多的关注。由于幼儿自我控制能力较弱，在面对想得到的东西没有马上得到的时候容易激动和冲动，表现出寻求过度关注的情况。

正面教育告诉我们：在孩子不当行为的背后，一定有未被满足的需求，如果家长知道孩子的需求是得到关注，就要用心地给予孩子足够的关注。如果幼儿的需求持续没有得到及时的关注，就会变得焦躁，亲子关系也会陷入恶性循环。

情景案例

那天晚上，儿子早早地完成了每天阅读绘本的任务后想要拼装积木。我帮他把"唐僧"积木取下来，和他一起拆开包装。他按照图纸认真地拼装，耐心专注的模样可爱极了。

看看时间已临近9点，我将妹妹带去厕所，准备帮妹妹刷牙。挤好牙膏，妹妹像往常一样，夺过牙刷要自己刷。我顺势坐在凳子上，等待妹妹刷完牙再帮她把东西放回原处。

"妈妈，你过来帮帮我"，这时，儿子拿着积木，在床上呼唤我，"你快来！"我心想妹妹很快就刷完牙了，待会再帮他解决问题。

当儿子看到我一动不动后，开始提高音量，喊叫着："妈妈，你过来。"我依然没动。他继续大喊："你快点过来。"

"你先别吵，再等会儿。"我不耐烦地回道。而他突然崩溃大哭："我不拼了，我不要了，我以后再也不拼了。"

我拉着妹妹从厕所里走出来，内心压抑着火气，对哥哥说："哭大点声，看看能不能解决你的问题。"他越哭越大声，拉扯着我说："妈妈，你理我，你理我。"看着他歇斯底里的样子，我缓缓地说："儿子，妈妈现在不知道你为什么哭，请允许妈妈先去'玩具房'里'暂停'一会，冷静下来我们再想办法解决好吗？"

"玩具房"是儿子4岁半时，我们一起搭建的"积极暂停角"。他特别喜欢这个小房子，我们在里面放了书和他最爱的积木，每次当他或者我有情绪时，我们都会选择在这里"躲"一会。顾不上儿子一把鼻涕一把泪，我转身钻进了"玩具房"。

小小的房子一角，放置着《正面管教》这本书。每次我们亲子关系遇到问题，我总要主动地寻求它的帮助，这次也不例外。翻开书，我找到了儿子情绪爆发的原因：当孩子错误地认为只有受人关注或有特殊优待时才会有归属感，才能感受到自己的价值，只有让别人为他忙得团团转时，才能显示他的重要性，他的行为目的就是为了寻找过度关注。

我大脑快速地运转，回归到事件的本身，在儿子打断我正在帮助妹妹刷牙的时候，我感觉很心烦。当我要求他停止这种行为的时候，他通过大哭大闹来诉求自己的想法。我现在可以确定的是，他是为了寻求我的关注，他真正想说的是："请你关注我，让我帮助你并参与到你的工作中，让我觉得自己有用。"

这个事件如果还能有个更好的发展方向的话，应该是我主动邀请哥哥来帮助妹妹刷牙，让他感受到自己是有用且有价值的。因为当孩子的归属感与价值感得到满足时，他的心里才会有充足的安全感，不会再通过不恰当的方式寻求过度的关注。

现在，我意识到刚刚自己的简单且略带"粗暴"的交流方式已经伤害到儿子了。手中的书正好翻看到"从错误中恢复关系的'四R'"，我决定先和儿子修复关系再建立情感的连接。"玩具房"外，儿子哭泣的声音开始变小。

我从"玩具房"出来，主动道歉："儿子，刚刚我犯了一个错误，真的很抱歉。你可以原谅妈妈吗？"

他一边擦鼻涕一边生气地说："你都不爱我了。"

"你在叫妈妈的时候，我没有第一时间顾及你的感受，确实是我不对。"我弯下腰，抱了抱他，接着说："我为给你带来的伤害而道歉。"

"好吧。"怀抱里的儿子点点头。

"说实话，"我故作难过地说，"有时候我忙着照顾妹妹，或者正忙着工作的时候，会不小心忽视你的感受。可这个问题怎么解决更好呢？"《正面管教》中提到，"近距离的倾听"就是让孩子尽情释放情绪，要听听孩子的感受和想法。

儿子沉默了一会，然后一本正经地说："我觉得你可以过来帮帮我，或者温柔地说：'儿子，你再等我一会。'你还可以抱抱我，不就可以了吗？"

是的，在孩子发出"需要"信号的时候，我应该认真地听他说，帮助他解决困难和问题。我低下头对儿子说："妈妈错了，不该忽视你的感受，你愿意原谅我吗？"

儿子点了点头。我将他揽在怀里，接着说："以后我们约定好，假如有什么需要，就直接告诉对方，并且要记得积极地做出回应，好吗？"怀中的儿子俏皮地说："好呀，以后我们有话都好好说。"

作为父母，我们要给予孩子无条件的积极关注，无论孩子是调皮、哭闹，还是发脾气，都应该去接纳孩子，并给予他温暖。只有当我们保持这种态度对待孩子，才能真正理解孩子的感受，看见他内在的需求，让沟通更顺畅。

实施效果

当理解到孩子的很多不当行为往往是渴望得到父母无条件的积极关注时，作为父母，我们多了一些理解与宽容，也更加积极地寻找解决问题的办法。当我在认真完成一项紧急工作任务，孩子却吵闹要我帮忙搭积木时，我会请孩子当个小管理员，给妈妈营造一个安静的环境，保证任务及时完成后再带他出去玩；当哥哥故意抢走妹妹手中的玩具，并叫嚣"这是我的"的时候，我会蹲下来抱抱他，请他做个小裁判，看看玩具给谁会更合适，并尊重他的选择；当孩子在篮球场撒娇、不想训练的时候，我会选择积极的暂停，带他出去冷静一会；当孩子再次回到场上的时候，我会站在他的一旁；在他努力付出取得成果的时候，我会大声地给他喝彩……当孩子感觉到自己被理解、被认可、被尊重时，我发现我们之间的沟通越来越畅通了。

作 者 信 息

姓　　名：张杨　　　　　　单　　位：广州市天河区旭景小学

 # 从沮丧到自信，我这样做

行为关键词： 缺乏自信

运用正面教育理念：

1. 关注问题的解决，而非让孩子付出代价。

2. 孩子感觉好的时候，表现才会好。

3. 花时间训练，小步前进。

运用正面教育工具：

1. 正面语言：通过给予孩子正面反馈打破习惯性的负面循环。

2. 鼓励：用鼓励的话语来引导孩子，避免批评。

3. 日常惯例表：给予孩子掌握自己生活的权力。

行为分析

　　孩子每天都会接触到各种新鲜事物，有很多是以前从没接触过的，这些对很多孩子来说就是挑战。正如远古时期，先民们察觉到危险会逃跑一样，警惕心是人们与生俱来的，往往在遇到棘手事情的第一反应就是逃避。害怕心理会让孩子不自信，降低自我价值感，产生总觉得自己做不好的心理。有时候不是孩子做不到，而是家长一味要求完美，觉得如果不能做到十全十美就是一种失败。做不好还不如不做，这样的心态其实也很常见。

正面教育告诉我们：孩子所有的行为都是内在需求的一种表达，孩子的每个不当行为的背后，也许都隐藏着一个未被满足的需求，我们要去发现它、满足它。人生正是由于充满未知的风险才显得迷人而可贵，如果一定要排除掉所有不利因素才肯迈步，那么这种担心自己做不好的心态，反而会成为孩子前进的绊脚石。

情景案例

"妈妈，我回来啦！"伴随着一声清脆的声音，我知道是儿子从幼儿园回来了。

"妈妈，我们去拍球吧。"

"好啊！记得拿上跳绳，拍完球之后也可以跳一会儿绳。"

看着孩子熟练的动作，听着有规律的拍球声，我的思绪一下子回到了一年多前……

那时候孩子刚上中班，每天的活动也多了起来，其中一项就是拍球，这项运动对他来说是个不小的挑战。因为刚刚接触拍球，动作还不熟练，每次把球拍下去再弹起来的时候，球仿佛不受控制一般，不知道会弹到哪里去……有时候球拍到脚上，一下子斜着弹出去好远，儿子只好再跑去把球捡回来……

放学回来后，我会主动找孩子了解情况，问他："今天看到你们在学校拍球，我看小朋友们都拍得很开心，你也努力尝试了，比之前有很大进步哟！"

"可是……我还是拍不好。"

看着他有些沮丧的神情，我继续说："你已经拍得很好了，比起昨天进步很大呢！"

"我同学能连续拍好多下，我一次只能拍一两下……"

"没关系，我们不需要和别人比，只需要和自己比就可以了。那我再问你个问题，你喜欢拍球吗？"

孩子低着头，认真地想了想，然后回答说："喜欢！"

"好！只要你喜欢，加上正确的锻炼方法，你一定也可以把球拍好的。那你愿意每天回来练习吗？"

"我愿意！"

从那之后，儿子每天放学回来，我都带着他去练习拍球，最开始时还是只能拍一两下，而且大部分时间不是在拍球，而是在捡球。当我在他脸上看到失落和不开心时就会继续鼓励他："没有人一出生就什么都会的，我们都要不断学习，我们要学走路，要学说话，要学吃饭……不会的时候肯定觉得很难，一旦学会就会觉得很简单。比如现在，你还会觉得走路很难吗？会觉得说话很难吗？那拍球也是一样的道理，都是从一两下开始的，练习多了自然就能掌握技巧了。"

他似懂非懂地点点头，又开始练习起来……

为了养成习惯，同时也让孩子认识到这是他自己的事情，我又和他一起制作了日常惯例表，把每天需要做的事情按从早到晚的顺序依次记下来，从刷牙、吃饭，到看书、运动，当然，还有现在每天坚持的拍球运动，每完成一项任务后，他就自己跑过去在表格上对应的栏目后面画上星星，每周根据得到的星星数量会有一定的奖励。有了这个表，很多事情不用大人再去催促，孩子自然就会养成好习惯，自觉地去做，有时候我一忙忘记了要运动，儿子还会提醒我："妈妈，到运动时间啦，我们快去拍球吧！"

每天练习的效果很显著，没过多长时间，孩子就已经掌握拍球的动作要领了，在幼儿园到了拍球环节，也看不到他抱着球站在那里不知所措的样子了。看到儿子的成长，我真为他感到开心和骄傲！

实施效果

通过在拍球上对孩子的鼓励和他后面自主坚持练习，孩子从最开始的不敢拍到拍一两下，再到现在能连续拍几分钟，还会双手交替拍，进步很大，我也明显看到他自信心的提升。

不只是拍球这项运动，后来的跳绳练习也是一样，从刚开始不会跳，到后面经过不断鼓励和练习，跳一个停一下，再到跳两个，跳三个……现在孩子的跳绳水平已经达到小学一年级的要求。

除了运动能力的提高，最主要的是我看到他自信心的提升，做很多事情时不像以前那样充满了畏惧，而是敢于挑战自我，敢于探索未知，这才是战胜一切困难的基础！

作 者 信 息

姓　　名：杨雯　　　　　单　　位：广州市天河区辰康幼儿园

信任，让孩子更有责任感

行为关键词： 没有责任感

运用正面教育理念：

1. 关注问题的解决，而非让孩子付出代价。

2. 纠正行为之前先建立连接。

3. 犯错误是学习的好时机。

运用正面教育工具：

1. 花时间训练：训练是教孩子生活技能的一项重要部分。

2. 有限的选择：选择是共享权力的细小步骤。

3. 我注意到：告诉孩子你观察到的，通常就足以激励孩子的改变。

行为分析

　　3—6岁的儿童，对成人和熟悉的人有很强的依恋情感，思维方式仍带有明显的直觉行动性，爱模仿。他们会学着控制自己的情绪，但当他们的情绪来临时往往很强烈，行为会受外界事物和自己的情绪支配。他们的个性特点有了明显的表现，自我意识开始发展，还特别喜欢得到成人的关注和赞扬。他们的规则意识开始萌芽但是非观念模糊，只知道受表扬是好事，听到批评会让自己不高兴。

　　正面教育告诉我们：小朋友的成长需要"无数个刻意练习"才能

达到，技能不可能只练一次就掌握。因此我们通常会说"练习练习再练习"，这就需要爸爸妈妈有足够的耐心，还要在练习之前进行教导、示范，做出榜样。学会走路要练习，系鞋带要练习，做家务要练习，那要养成尊重、分享、负责任这些品质就更加需要练习。

情景案例

儿子是我们的第一个孩子，也是爷爷奶奶的第一个孙子。从他出生起就在万般呵护下长大，一眨眼都幼儿园大班了。家里几个大人对他的照顾可以说是无微不至，爷爷奶奶更是竭尽所能为他"服务"。幼儿园的小男孩精力旺盛又好动，家里的东西经常被他翻乱，玩过的玩具直接扔在地上，吃了一半的东西就放在桌上，爷爷奶奶只能跟在后面整理收拾。老师有时也会布置一些简单的劳动作业，但孩子一点都不觉得是自己的事情，就更别说帮着大人做一些力所能及的家务了。

有一天，儿子正吃着饭，突然说："我要喝水。"奶奶听到后就要起身倒水。我马上制止道："妈，您坐下。让他自己倒。"儿子很不情愿地起身倒水，奶奶也有点不知所措。事后我跟婆婆认真地沟通了这个问题，商量好此后一起配合，要让孩子学会承担自己的责任。婆婆也欣然接受，明确了自己的任务，但总忍不住为孩子代劳。

一天，我回家看到茶几上有很多碎蛋糕，于是跟儿子有了以下对话。

"这是你弄的吗？"

"嗯，我不想吃了。"

"现在桌子很脏，这些蛋糕也不能吃了，我们要把桌子收拾干净。"

儿子面露难色，不想收拾。

见到他不想负责的样子我很想发火，但想到正面教育中的"和善与坚

定并行"，我决定先理解孩子不想做的心情，然后再坚定要收拾桌子这件事。我也在反思：很多时候我们父母希望孩子去做一件事情时就想孩子马上行动，并且还要高高兴兴地去做，换位思考一下，其实我们大人有时也做不到，而且我似乎也没有教过他如何擦桌子。于是我想通过"有限的选择"这个工具，顺便给他提供示范与帮助。

"你想要跟妈妈一起收拾还是自己收拾？"

"跟妈妈一起。"

"你想要去拿垃圾桶还是去拿抹布？"

"拿抹布。"

儿子拿来抹布后，我让他拿着垃圾桶顶在茶几的一边。我拿起抹布边擦边说："你看，从最远的地方一次推过来就都到垃圾桶里了，你来试试。""啊，来回擦就又把脏东西擦回去了。""朝一个方向擦直线。""嗯，妈妈，你看我擦得干不干净？""很干净了！你一下子就掌握了要领，很厉害呀。"从那以后虽然儿子还是会乱扔玩具，随手放水杯，但对于自己责任范围之内的事慢慢有了要做点什么的意识。每一次只要儿子主动收了玩具，把用过的东西放回原处，我们都会及时给予肯定与鼓励。正面教育中的"我注意到"这个工具也帮了我很大的忙。

"我注意到你的洗脸毛巾在椅背上。"

"我注意到你今天换完鞋后，把袜子拿到洗衣篓去了。"

......

告诉孩子自己观察到的就足以激励孩子慢慢改变了。这让我联想到"非暴力沟通"里的第一步"观察"而不是"评论"。对事实进行陈述，是提醒也是信任，更是尊重。我们总说要培养孩子"解决问题的能力"，却总喜欢命令或直接给出解决方案，这就把孩子置于"被动"的位置了。只说观察到的事实，是对他们有能力找到解决办法的信任。

这天儿子在学校操场玩耍，只见他拿玩具桶装了沙池里的沙子，在追跑中将沙子撒得到处都是。我第一反应就是他又给我惹麻烦了，忍不住大喊起来："你现在给我收拾干净！把沙子给我弄回沙池里。"喊完又觉得自己着急了，应该关注于解决方案，而不是责备。于是，我决定耐着性子看看他会怎么解决。只见儿子徒手抓了一把沙子，当他发现沙子会顺着指缝流出、不好收拾时就又跑到操场边上，在垃圾桶旁打转。

"你在找什么？是扫把吗？"

"嗯，你怎么知道的？"

"因为我看到你在主动寻找解决问题的方法，非常负责任，妈妈带你去找吧！"

"你要帮我吗？"

"看到你这么努力想办法，越来越有男子气概了，妈妈忍不住想来帮忙啊！"

接下来我详细指导儿子扫沙子的方法，要把簸箕翘起来一点，就这样我们一起把沙子收集好倒回沙池。回家路上儿子一定要帮我提东西，说帮妈妈提东西也能体现男子气概。

实施效果

一转眼儿子要上一年级了，我们给他准备了书桌、文具。利用暑假的时间训练他自己收拾书桌、抽屉，整理自己的物品。他会把自己的玩具都收好放到一起，给书本也安排了相应的柜子。我对儿子说："谢谢你把房间整理得这么整齐，妈妈和奶奶都觉得轻松了很多。"

用行动去影响孩子，而不是用言语去说教。因为孩子的行为不是被教导而成，而是被影响和模仿而成，这对于3—6岁的孩子

来说尤为重要。但很多时候家长期望不用花时间训练，希望孩子一夜之间就能学会每一个技能，或者有时候干脆直接包办到底，认为孩子长大了就自然而然会掌握。如果我们不花时间训练孩子，那么很快就会发现，需要花更多的时间来纠正未经过训练的孩子的行为。而不断地纠正无法教会孩子技能，因为批评只能让孩子感到沮丧和愤怒，最终导致的结果就是孩子可能决定不再学习这个技能了。

作 者 信 息

姓　　名：唐婷　　　　　　单　　位：广州市华颖外国语学校

孩子总是容易跟同伴发生矛盾，怎么办

行为关键词：交往矛盾

运用正面教育理念：

1. 接受不完美，犯错误是学习的好时机。

2. 孩子感觉好的时候，表现才会好。

3. 花时间训练，小步前进。

运用正面教育工具：

1. 拥抱，帮助我们感觉好起来。

2. 信任。不解读、不说教、不指责，而是对孩子说"我相信你可以找到好办法"；允许并认同孩子的感受，然后保持沉默，相信孩子能处理。

3. 角色扮演。

幼儿期的孩子社会认知发展处在以自我为中心的阶段，孩子常常以自己的需要作为唯一目标。同时，由于这个年龄阶段的孩子缺乏社会交往经验和道德认知，因此在幼儿阶段，孩子与他人相处的过程中难免会发生冲突矛盾，这是常见的现象。一方面，孩子企图寻求他人的关注，渴望得到

某样物品；另一方面，他们难以站在他人的角度看待问题，解决问题能力比较弱。当自己的需求无法得到满足的时候，孩子常常倾向于用不当的行为方式，如吵闹、推、争、抢等来表达，进而产生社交矛盾。若没有给予孩子正确的引导，长此以往，将影响孩子的社交能力，甚至导致行为规范和心理问题。

正面教育告诉我们：接受不完美，犯错误是学习的好时机。作为家长，要遵循孩子的成长规律，面对孩子成长过程中的问题，要以豁达平和的心态看待。在这个过程中，充分信任孩子，给予鼓励，理智地引导孩子学会一些交往技巧，与他人和谐交往。

情景案例

我的外甥女安安三岁多了，除了父母，她平时最喜欢黏着我。安安在家时的表现比较乖巧，但是最近，我们发现她与其他小朋友相处的时候总会发生矛盾，要么耍赖撒泼，要么争抢玩具，抢不过的时候还会打人，最后以哭闹收尾。这让她爸爸妈妈感到非常苦恼和无奈。

一个周末，安安妈妈和我准备带着安安到附近公园玩耍。她妈妈担心安安会跟小朋友产生矛盾，于是出门前跟她约定了与小朋友相处的要求，并且让她带上自己喜欢的玩具，学会分享。她点点头答应了。

到了公园，威威妈妈正好也带着威威在公园玩，于是两个孩子便一起玩，我们再次提醒安安要好好跟小朋友相处。一开始两人玩得非常开心，后来情况发生了改变。"我先玩！我先玩！""这是我的！"循声望去，安安跟威威正在争抢滑板车。我和安安妈妈连忙走上前，只见他们互不谦让，安安紧紧抓着滑板车的把手，小脸憋得微微发红，想让威威从滑板车上下来。安安发现自己力气不够，没有胜算，猛地朝威威的背拍了好几下。威威"哇"的一声大哭了起来，安安见状也委屈地哭了。

这时候，安安妈妈连忙一边安抚伤心的威威，一边责备安安："你不可以这样！快！赶紧和威威说对不起！"站在一旁的威威妈妈一个劲儿地说："没事的，没事的，小孩子打打闹闹很正常……"安安妈妈一脸惭愧和恼怒，而此时的安安则抱着她妈妈的大腿，哭得更大声了。我心想：为什么安安在家那么乖巧，一出来跟小朋友玩就喜欢打人呢？一边是愤怒的安安妈妈，一边是哭闹的孩子，这可怎么办？

安安妈妈将安安拉到一旁的长凳上，生气地说道："爸爸妈妈说了多少遍了，跟小朋友玩时要友好相处，怎么又打人了，你怎么这么不懂事呀？"安安见妈妈很生气，被吓得不停地抽泣。我本来也想批评她，并让她不要哭，她突然张开双手抱住妈妈："妈妈，你不要生气，抱抱。"安安将手放在她妈妈的胳膊上，身子慢慢靠近。我突然意识到了面前这个小宝贝是多么伤心和委屈，多么需要我们的关心。我和她妈妈好像完全忽略了孩子的感受，而是更在意自己作为大人的面子和他人的看法，要求孩子时刻呈现我们想要的乖巧的样子。

这时，我想起了最近学习的正面教育理论中提到的：允许孩子有自己的感受，是给予他们能量的开始。我一边想着正面教育的工具方法，一边走过去抱着安安，对她说："安安，你现在觉得很难过是吗？刚才妈妈和小姨对你有点凶，让你感觉不舒服是吗？"通过身体的接触，孩子的脸色慢慢缓和，小眼睛里闪着光，我感觉到她的情绪慢慢地好了起来，一股爱的暖流在我们之间流淌。

我看着她，打算用"认同感受"的方法来进行沟通。

"刚刚你和威威玩着玩着就打了起来，你心里肯定很生气，对吧？"

"是的。"我猜中安安的心思了。

她接着说："我很生气，因为威威不守规则，我们说好了一人玩一次的。"

我继续共情："哦，你很生气，因为威威说话不算数。"原来，安安跟小朋友玩耍时还会提前约定游戏规则。我逐渐理解她了："你很希望朋友之间遵守规则。"

安安点点头。

我不再责备她，并给予她充分信任。"那么你觉得自己刚刚的行为正确吗？"

安安低下了头，嘟着嘴说："小姨，我错了，我打了威威。"

"安安是个能够认识自己的错误的小女孩，威威刚刚被你打了肯定很难过，我们可以怎么做呢？"我假装思考，"比如我们可以抱一下他，问问他疼不疼……"

安安被我这么一点拨，小脑袋里涌出了好多点子："我要跟他说对不起，我还可以把我喜欢的玩具借给他玩……"

那一刻，我们被安安想出来的好办法深深感动，原来孩子之间的相处总会有一套自己的好方法。安安妈妈听到我们之间的谈话后，也给了安安一个大大的拥抱："宝贝，妈妈刚刚错怪你了，对不起。这次我相信你可以的，你去试试看吧！"有了妈妈的鼓励，安安开心地跑向了威威，他们俩又一起愉快地玩了起来。

通过这次教育尝试，安安妈妈和我感到很欣慰：我们能够认同孩子的感受，信任她、引导她，让孩子自己找到了跟朋友友好相处的好方法。

实施效果

此后，我把《正面管教》的系列书籍推荐给安安的父母，他们非常欣喜并尝试付诸实践。从书中，他们更好地理解到了这个年龄阶段孩子的成长规律和心理需求，知道了如何运用正面教育来面对安安与小朋友相处的问题，不再像以前那样总是责备孩子，而是学会安静观察、及时鼓励和引导启发。

为了培养安安与小伙伴友好交往的能力，我们还尝试跟安安进行了很多角色扮演的游戏，尝试在不同情境下引导孩子换位思考，学会友好交往。花时间训练，小步前进。看到孩子每一次的进步，我们都会给予她认可和鼓励。慢慢地，安安跟小朋友的相处越来越和睦，有时候闹矛盾了，孩子会有短暂的失落，但平静下来后，她也能独自找到解决方法。每一次挑战都是孩子成长的机会，作为父母，应学会用豁达、平和、信任的心态看待孩子的成长，让孩子收获友情带来的温暖。

作 者 信 息

姓　　名：吴必娴　　　　　　单　　位：广州市天河区天府路小学

关于日常惯例表，家长可以这样做

行为关键词： 做事拖拉，没有时间观念

运用正面教育理念：

1. 孩子感觉好的时候，表现才会好。

2. 关注问题的解决，而非让孩子付出代价。

运用正面教育工具：

1. 积极的暂停。

2. 从错误中恢复关系的"四R"：承认错误—承担责任—道歉和解—解决问题。

3. 日常惯例表、计时器。

行为分析

提起孩子的磨蹭拖拉，没有时间观念，不少父母既愤怒又无奈。孩子做事情、做作业或者吃饭的时候，一会要喝水，一会要上厕所，一会发呆，就是不能专心把一件事情按时做完，有时候父母被逼急了会选择用"武力"来解决，但是结果并没有好转，孩子的磨蹭劲反而变得更加严重。

正面教育告诉我们：孩子所有的行为都是内在需求的一种表达，孩子的每个不当行为的背后，也许都隐藏着一个未被满足的需求，我们要去发现它、满足它。

情景案例

女儿大班的时候要参加幼儿园的故事大王比赛，在比赛的前一晚，我们和女儿制订的计划是早上7:10起床，然后在上学前利用十分钟时间，把她参赛需要讲的故事再熟悉一遍，女儿也爽快地答应了。按照约定，第二天早上我准时去叫女儿起床，女儿应道："知道了，我就起来。"听到女儿的回答，我就先去洗漱，孩子妈妈则去准备早餐。

十分钟后，孩子妈妈把煮好的早餐端到桌子上，可女儿还没从房间出来，我又去她房间一看，发现女儿躺在床上还没动静，我又再一次喊她起床，并且强调时间紧张，不仅要吃早餐，还要练习讲故事，要她赶紧起来穿衣服。女儿大声地回答："我知道了，我知道了。"然后噘着小嘴，很不情愿地坐了起来开始穿衣服，我们就在餐桌上边吃早餐边等她出房间。

又过了十分钟，我看到女儿还没出来，就推门进去，想看看到底怎么回事。结果看到她闭着眼睛坐在床上，衣服也只穿了一个衣袖。我大声地呵斥道："我的小祖宗哟，你看看什么时间了，起个床花了半个小时，连衣服都没穿好，你还要不要上学了，还要不要参加故事比赛了？"说完开始用力地帮她穿衣服。也许是我的动作弄疼了孩子，也许是我的声音吓到了她，女儿开始大声地哭起来，任由我摆布。

听到孩子的哭声，孩子妈妈跑过来拉走女儿，把我留在了房间，关上了门，避免我和女儿的情绪升级，因为上学时间快到了，孩子的妈妈只好先把还在哭泣的女儿送到学校。那次的故事比赛，老师反馈女儿很紧张也

很害怕，没有发挥好。

接完老师的电话，我一个人在房间冷静反思，决定先和孩子修复关系、建立连接。我想到了可以用正面教育中的"从错误中恢复关系的'四R'"。

晚上，我把女儿叫到跟前，拉着她的手说："贝贝，爸爸想跟你说一下今早的事。"可女儿坐着不敢正视我。我接着说："爸爸先向你道个歉，爸爸早上不应该那么用力拉你，也不应该大声呵斥你，把你的手给弄疼了，爸爸太冲动了，我跟你道歉，你能原谅爸爸吗？"这时，女儿神情放松了很多，看着我轻轻地点了点头。"但是爸爸生气，是不是因为贝贝没有按时起床，约定的事情没有做好，没有好好吃饭，耽误了很多时间啊？"我认真地看着女儿说，只见她又把脸埋了下去，说明她也认识到了自己的错误。

看到了女儿回应我，我接着说道："爸爸知道贝贝也想按时起床，按时吃早餐，然后好好地准备故事比赛，是吧？"此时，女儿狠狠地点了几下头。"那今天贝贝没有做到，是什么原因呢？你能和爸爸说说吗？看爸爸能否帮助你？"

这时，女儿抬头认真地看着我，眼角含着泪："爸爸，你老是说给我十分钟时间起床穿衣服，我都不知道这是什么意思，以为十分钟时间会很长，我想让时间过得慢点。"此时我猛然醒悟，我和孩子妈妈一直都没有给孩子灌输过时间的概念，更没有教她时间管理的方法，但每次都用限定时间的方式来要求她、约束她，她不明白这些时间是干什么的，有多久，能做多少事情，一旦做不到我们要求的，我们就只是一味地责怪孩子拖拉，不按时完成任务，时间长了，孩子就会产生害怕的心理和紧张的情绪。

听完孩子的想法，我紧紧拥抱女儿："贝贝，爸爸妈妈没有了解到你的想法，是我们疏忽了，那以后，贝贝有什么想法或者有害怕的事情，你就和爸爸妈妈说，我们一起想办法，好吗？"

"嗯，好啊。"女儿开心地说道。

我接着说："那贝贝和爸爸妈妈一起制定日常惯例表吧，由贝贝你自己来安排每天的学习、玩耍等时间，不会写的字就用图画或者符号来表示，然后爸爸妈妈提醒贝贝完成。关于时间的问题，爸爸妈妈买一个计时器给你，时间到了就会响铃，你就会对时间的长短有具体的认识了。"

"嗯，好的，我觉得可以。"女儿自信地说。

从那天开始，每当孩子制定的时间到了，我们就会走到她身边对她说："时间到了，你的任务完成了吗？"如果完成了，就会让孩子在日常惯例表上打个钩，如果没有完成，我们就会一起分析没有完成的原因，吸取经验，争取下次做得更好。

当孩子做得超出意料时，我会鼓励她说："我们一天做到按时间约定做事情很容易，但每天都坚持却是很难的，爸爸妈妈相信你可以做到，而且还可以做得很好，你是最棒的。"

很多时候，女儿还是做不到什么时间点该做什么，在规定时间做完，如看动画片正有兴致的时候，时间到了，女儿也不想关掉电视，我就不再说话，只是坐在旁边安静地看着她，指指手表或时钟，"和善而坚定"地干扰她。通常这种情况下，只要我保持平和的语气和态度，她虽然还是不情愿，但最终还是会乖乖地把电视关掉。

实施效果

从女儿上幼儿园大班第二个月开始，我们已经坚持了五个月的时间管理，女儿拖拉、磨蹭、不遵守时间的坏习惯已经改变了许多。现在每天的日常惯例表都是由她自己来制定，通过文字

和符号的结合，甚至还会用画画来表达，也是挺有意思和特别的计划表，最后由智能闹钟来提醒，家长协助监督。从她完成的情况来看，大部分的事情都能按时完成，尤其是早晨起床和吃饭的时间，已经不再需要催促，闹钟一响，孩子很自觉地就能起床和吃饭。

作 者 信 息

姓　　名：王畅　　　　单　　位：广州市天河区悦教智慧幼儿园

特别的爱给特别的你

行为关键词：大宝无理取闹

运用正面教育理念：

1. 孩子的首要目的是追求归属感和价值感。

2. 纠正行为之前先建立连接。

3. 确保把爱的讯息传递给孩子。

运用正面教育工具：

1. 表达我们无条件的爱。

2. 安排"特别时光"。

3. 拥抱：孩子感觉好会做得更好，拥抱帮助我们感觉好起来。

行为分析

在过去的几年，大宝享受着爸爸妈妈满满的爱，健康快乐地成长。随着二宝的到来，大宝的情绪状况一天比一天糟糕：动不动就哭，好像内心有非常多的委屈，稍不顺心就又闹又叫，有时候还会摔东西，这么强烈的情绪表达自她出生以来都很少见到。

正面教育告诉我们：孩子所有的行为都是内在需求的一种表达，孩子的每个不当行为的背后，也许都隐藏着一个未被满足的需求，我们要去发现它、满足它。如果孩子缺乏了安全感和爱，可能会出现更多反常的情绪。

"我不要吃饭！我不饿！我不想洗澡！我就不要！"正在房间忙的我隔着房门就听到她的哭叫声。

以前的大宝不是这样的，她很爱黏人，乖巧伶俐，吃饭洗澡麻利，不哭不闹。但自从二宝到来，她就渐渐地变了。仔细想想，我们也已经对大宝做了非常充裕的思想工作：试探性地询问是否想要弟弟妹妹，跟她讲关于要做姐姐或哥哥的绘本，让她看着妈妈的肚子一天天变大，告诉她一个宝宝在肚子里的成长过程，让她第一时间抱着二宝……这一切都带着她一起经历、一起感受。

但随着二宝长大到三四个月，二宝开始黏着我，我需要花更多的时间和精力照顾二宝，这也导致对大宝的耐心明显变少。从以前每晚抱着她睡，变成背对着她睡，她总会忍不住说："妈妈，你喂好奶了吗？可以过来抱着我吗？"家里其他人的爱替代不了妈妈的爱，大宝明显感觉被冷落了。所以，她的情绪变得异常，稍有不顺便会大嚷大叫。我看在眼里，疼在心上，也暗暗下定决心要运用正面教育里面的教育工具来改变这一切。

我先处理好自己的情绪，并告诉自己，要学会接纳。二宝已经到来，这是不争的事实；孩子的首要目的是追求归属感和价值感，大宝因为被暂时忽略，所以情绪波动大，这也是事实。接下来，我准备用很长一段时间慢慢修复自己和孩子之间的关系，重新建立连接。

第一步，安排"特别时光"。每天晚饭后，我带着大宝到楼下散步。大手牵着小手，带着她去看树叶的形状与颜色，一起看蜗牛爬过的痕迹，给她买最爱的甜甜圈……她非常开心，边走边跳，像只欢快的小鸟。因为有每晚的"特别时光"，我能明显感受到她比以前快乐，并且期盼着与妈妈一起饭后散步的时光。

第二步，重新建立连接。和孩子的关系在经过多天的"特别时光"后变得亲密，孩子变得有所期盼，眼里重新有了光，但情绪还不是特别稳定。某天，在楼下散步时，我拉着她的小手，尝试着询问："宝贝，你最近过得开心吗？"

孩子想了一下说："我现在很开心！不过有时候妈妈抱着妹妹却不抱我时，我觉得不开心。""那你觉得妈妈不够爱你吗？"我继续追问。她低下头说："有时候我是这样觉得的，妈妈以前都是抱着我睡，现在都没有抱着我了。"

不到五岁的孩子不清楚自己的情绪是怎么回事，但对自己内心的直观感受和对妈妈的爱还是能表达出来。客观情况变了，重新建立爱的连接很有必要。当我们来到一棵大树下，找到个台阶坐下。我对孩子说："宝贝，不管怎么样，妈妈都是爱你的！"

孩子开心地回复了一句："妈妈，我也爱你！"

"妈妈会永远爱你！"我更坚定地跟她说，要确保把爱的讯息传递给孩子。

"妈妈，永远是什么意思？"孩子眨巴着眼睛问。

我告诉她"永远"是很久很久的意思，妈妈会一直爱着她。

"妈妈，那我们永远要在一起！"她抱着我回应道。

"什么叫'永远在一起'？"这下轮到我困惑不解了。

孩子天真地说："永远在一起就是你到哪我跟到哪，以后我到哪你跟我到哪！"

听了孩子单纯而可爱的话，我不禁湿了眼眶，孩子对父母的爱是那么深沉啊！

第三步，夸小宝时一定带上大宝。"冰冻三尺非一日之寒"，孩子的行为不可能因为大人的一点点改变而突然转变，偶尔还是会无理哭闹，但

明显音量小了，频率低了。我们带着她一起逗二宝开心，看到五六个月的二宝可爱的笑脸，忍不住想夸时，也不会忘了大宝。

"你看看，妹妹和你小时候一样，真是太可爱了！"平等地对待两个孩子，让她们感受到父母同样的爱。大宝也更喜欢和二宝一起玩耍和逗乐了。此外，她还会经常问我："妈妈，我以前也是这样吃辅食吗？我以前也这么可爱吗？"一系列的疑问和好奇，把大宝二宝和妈妈的距离拉得更近了。对孩子更多的肯定和鼓励，孩子也会朝着越来越好的方向发展。

第四步，表达我们无条件的爱，并且经常给她拥抱。给予孩子爱与安全感是必须的。我常跟孩子说："不管你是哭还是笑，跳舞是好还是不好，吃饭是乖还是不乖，妈妈都很爱你，妈妈爱你不是因为你很棒才爱你，而是妈妈就是爱着你；也许，有时候妈妈会生气、会着急，甚至会批评你，但是你要记住，妈妈依然爱着你。"

"为什么呢？"孩子的脑袋里永远有十万个为什么。

"因为你是独一无二的，妈妈永远有一份特别的爱是属于你的！"

和善而坚定的语气让她深深地知道妈妈爱着自己，这给了她安全感。每次我回到家的第一件事，就是和孩子拥抱，一个拥抱能让孩子深深感受到妈妈的爱，感受到家庭的幸福。

实施效果

大宝很明确地知道妈妈对她的爱并不会因为妹妹的到来而改变，她知道妈妈爱她，知道自己也是很可爱的宝贝。慢慢地，所有的坏情绪都释放了，遇上不顺心的事情也学会冷静下来，而不是用特别激烈的方式表达出来。

　　饭后散步的"特别时光"持续了3个多月，孩子与我的距离慢慢拉近。原计划是打算用半年的时间把孩子的情绪问题调整过来，现在比预计时间少了一半。但通过此事，也让我们明白：孩子的安全感和爱是要不断强化和输入才能得到加强和巩固，孩子只有非常确定父母是无条件地爱着自己，他才能更好地去感受这个世界，并且用平和的心去看待这个世界。时光漫漫，爱与陪伴是一生的课题。

作　者　信　息

姓　　名：连彩玲　　　　　　　单　　位：广州市天河区昌乐小学

爱搞事的二宝

行为关键词：多子女家庭的争端，畏难情绪多，不能坚持

运用正面教育理念：

1. 孩子的首要目的是追求归属感和价值感。

2. 纠正行为之前先建立连接。

3. 确保把爱的讯息传递给孩子。

4. 花时间训练，小步前进。

运用正面教育工具：

1. 和善而坚定。

2. 安排"特别时光"。

3. 有效地跟进执行。

4. 花时间练习。

5. 认可感受、启发式语言、鼓励与表扬。

6. 拥抱。

行为分析

　　畏难情绪，通常是指在遇到某种困难时，找各种理由逃避、退缩、拖延或依赖他人，从而产生心理上的负面情绪。畏难情绪出现在生活中的方方面面，同样地，在学习过程中也是十分常见的。一旦孩子出现畏难情

绪，便会丧失对学习的兴趣及主动性，从而陷入被动的学习状态，学习效率和学习质量也会大打折扣。如果孩子没有办法克服这种畏难情绪，对他的学习将造成很大的影响。

正面教育告诉我们：孩子所有的行为都是内在需求的一种表达，孩子的每个行为的背后，也许都隐藏着一个未被满足的需求，我们要去发现它、满足它。如果孩子在真实的世界里找不到价值感和归属感，将很容易迷失自己，甚至放弃自己。

有一段时间，我经常被5岁的儿子搞得心烦意燥，他总是特别爱"搞事"。他喜欢画画，可是又不会画，而姐姐画得很不错，每当我表扬他姐姐的时候，儿子就吵着想学画画。但当他学了画画又画不好时，就容易耍脾气，会赌气说不学了、不画了。不仅是画画，玩拼图、看书、做家务……不管做什么事，做到一半就无法坚持了，还经常盲目地寻求我的帮助——不管我在忙什么，他都急着喊我马上过去帮他。如果没有及时给予回应，他就会大哭一场，甚至要打人！那段时间我真的很难熬，心里特别生气又倍感无奈……

直到我学习了正面教育后才意识到，孩子的一切不当行为背后很可能都是为了寻求价值感与归属感。通过儿子的行为引发我的思考，我找到了他这种行为背后的信念很可能是"关注才能有归属感"，以及他很无助，希望我帮助他迈出一小步。结合《正面管教养育工具》以及《3到6岁孩子的正面管教》这两本书，我找到了对应的方法：

（1）理解他的感受；

（2）表达我对他的爱；

（3）制定专属于他的"特别时光"以及"特殊暗号"；

（4）正确适当地表达自己的情绪；

（5）多说启发式语言和鼓励语；

（6）引导女儿协助我帮助他。

于是，就有了那天的一幕：当儿子再次因为画画或者其他事情出现畏难情绪时，我第一反应不再是生气，而是准备用新的方法来解决我当下遇到的挑战。

我停下了手头的事情，平和地问："弟弟，你怎么了，需要妈妈怎么帮助你？"

他带着哭腔说："妈妈，我……总是画不好，我不想画了……"说完就像之前那样哭了起来。

想到正面教育的"和善而坚定"，我也不再为他无休止的哭而苦恼，而是伸出双手抱抱他，让他感受到我对他的爱，安静地等他哭完。待他情绪稳定些，我继续问："你现在好点了吗？"

他点点头，我接着说："现在你能告诉妈妈，刚才发生什么事了吗？你刚才哭着说话我听不清，以后能不能不哭了再跟妈妈说话，这样妈妈才能更快地理解并帮助你。"

他点点头，说："妈妈，这个圆圈我不会画。"

听完，我立刻将笔放在他的手上，握着他的手教他画，然后问："这样画，你觉得怎样？还是想换个方式画？"

经过多次练习，他遇到困难不再哭，而是会清楚地表达他的需求，我也会立刻帮助他。在这个过程中，他每一次遇到困难都会自己慢慢学着找方法解决，找我帮助的次数也渐渐变少了。

同时，在我忙的时候，他学会了耐心等待，会先尝试独自画。在儿子独立画完一幅画后，我走到他面前说："这是你独立画的吗？"

他说："是的。"

我边指着画中的细节边说："这是我最喜欢的花，这个颜色搭配真好，画得真好，妈妈很喜欢，可以送给我吗？"

这时，我看到他眼中的自信的"光"，多次鼓励后，对于画画，儿子的感受越来越好，一有时间就会画画，创作了不少画作，获得了不少奖励。在画画中，小步前进，孩子找到了价值感和归属感。

在儿子改变的这段时间，我们一起制定了每天的"特殊暗号"，每天出门前，一个拥抱或者一个吻，回家后一个手指游戏，每天晚上一场"故事会"，每周末固定有一天外出的亲子"特别时光"，内容和地点由四个人轮流决定。

此外，每当他画完一幅画，我就会邀请姐姐一起走到他身边对他说："弟弟今天画得棒不棒？"姐姐会附和说："弟弟画的这个航天飞机非常棒，像真的一样。"这时他就会绘声绘色地介绍他的画，我和姐姐也很捧场地鼓掌，然后拍照，最后将画放进专门的地方保存。

有时，他在画画的过程中遇到困难，有点小气馁，我在等待，等他问我时，我和善而坚定地说："妈妈现在画画都比不上你呢，不过我有个小建议，你要不要听听？"他虽然口头答应，但其实还是按着自己的想法来画，因为他觉得比我画得好。孩子已经能独立解决问题，做到心中有数、心中有光。受到鼓励的儿子变得越来越棒！

实施效果

根据孩子的行为情况解读孩子行为背后的原因，有些行为不能简单地解读成一种情况，而是多种复杂的原因构成，帮助孩子的同时也要理解他们的情感以及帮孩子适当地抒发情绪，感觉好，才是真的好。在正面教育的理念以及养育工具的帮助下，孩

子和我的连接越来越密切，他也找到了价值感和归属感，算是达到了初步的效果。孩子目前的作业几乎不用我操心，他都能独立完成，而且成绩很好，对学习很有信心。虽然教育之路很长，但是正面教育的理念会一直陪伴着我。

作 者 信 息

姓　　名：曾淑燕　　　　　单　　位：广州市天河区天府路小学

从两宝相争到共商共享

行为关键词： 兄弟姐妹之间总是闹矛盾

运用正面教育理念：

1. 犯错误是学习的好时机。

2. 孩子的首要目的是追求归属感和价值感。

3. 确保把爱的讯息传递给孩子。

4. 纠正行为之前先建立连接。

运用正面教育工具：

1. 同等对待孩子们。

2. 积极的暂停。

3. 赢得孩子合作的四个步骤：表达出对孩子感受的理解；表达出对孩子的同情，而不是宽恕；告诉孩子你的感受；让孩子关注于问题的解决。

4. 安排"特别时光"。

　　抢玩具、打架、争地盘……这些都是多子女家庭中常见的情况。一方面，父母容易成为评判者，存在替孩子解决问题、进行比较或者给孩子贴标签等行为；另一方面，多子女家庭的孩子从小就要学会用更广阔的视野观察世界——"在家人眼中他和我一样重要""我在捍卫自己权利的时

候，不能侵犯他人的权利"，从手足之争中学会倾听和沟通、达成共识、解决问题等可贵的技能……这也是多子女家庭特有的优势。

正面教育启示我们，了解孩子的性格特点，综合应用正面教育的工具，能帮助多子女家庭的父母更好地教育子女，比如尊重孩子的物权意识，教给孩子情绪管理的技能、冲突处理的策略等。更重要的是，让父母增进与孩子的情感连接，让每个孩子增强归属感和价值感。

情景案例

家有多个宝，十指连心，每个都要养好。多子女家庭的一大挑战，就是兄弟姐妹闹矛盾时，管还是不管？管，会不会导致孩子无法自主解决问题，还会产生依赖心理？不管，会不会让孩子缺失安全感、漠视规则？管的话要什么时候介入，以什么方式介入，怎么介入才能让他们相亲相爱呢？

"这是我先拿的！"

"这是我的！"……

循声望去，只见弟弟咬牙切齿，紧紧抱着"火火兔"早教机。

姐姐也不甘示弱，抢过来大喊大叫："这是我先拿的！"

我按兵不动，暗暗观察，并不着急介入。突然，姐姐以迅雷不及掩耳之势，推了弟弟一把，弟弟也一巴掌拍回去。接下来，姐姐委屈得大哭，把早教机摔到沙发上："是我先拿的，你不能这样。"我一看产生肢体冲突了，决定马上介入。

按往常的情况，我可能会在孩子们开始抢玩具的时候就马上冲上去说："你们怎么又抢玩具啦？不准抢玩具。"还会忧心忡忡胡思乱想：大宝打二宝，大宝怎么下得了手？二宝也反击了，打来打去，两人心理阴影得多大呀……

自从学习了正面教育和多子女家庭教育的相关课程后，我的观念发生了很大的变化。当这种情况发生时，我的心里冒出的念头是：犯错误是学习的好时机，提升孩子们情商的机会来啦！

我先抱抱姐姐，说："妈妈注意到你很早就拿起早教机，在专心地听故事。当弟弟拿走的时候，你很生气，因为你希望把故事听完。"

然后再马上抱抱弟弟，说："你希望和'火火兔'一起玩，所以你拿走了它。妈妈给你找找'Luka'（另一个早教机器人），让它陪你玩，好吗？它还会跟你说话呢。"接着，孩子爸爸也过来哄弟弟，帮忙转移他的注意力。

我马上来到姐姐面前，她双眼通红，一边啜泣一边喊："这是我先拿的！"我牵起她的手，说："我明白你的意思，你很生气。我们现在要解决这个事情，要先想办法让自己冷静下来。"

姐姐说："数数字，1、2、3、4……"姐姐自己进行了积极的暂停，开始冷静下来。

等她慢慢平复了心情，我就问她："刚才发生了什么事？"

姐姐将事情的经过告诉我。我接着问她："刚才你和弟弟都想要这个玩具，你是怎么想的呢？"

她说："这是我先拿的，我就要跟他说清楚，'火火兔'是大家的，先拿到的先玩。我的故事听了一半，他什么都没说就要拿走，这样是不行的。弟弟老是想抢走我的东西，而且每次都要我让他。"

我意识到姐姐心中的需求，回应道："嗯，你能说清楚自己的需求非常好，但是现在只有一个'火火兔'，你觉得，怎么分享才能让大家都开心呢？"

"我可以问一下弟弟是不是也想听这个故事，或者跟他说，我们轮流玩。"

我开始运用"赢得孩子合作的四个步骤"继续引导姐姐："我感到担心，是因为你打了弟弟，弟弟也回击了你。妈妈小时候也有过类似的经验，当时我和另一个同学都想玩一个游戏设施，因为是他先来的，就不让我玩，还推了我，我当时的感觉很不好。因此，我希望你们都想要一个玩

具的时候，不要伤害对方，而是好好商量。如果因为一个玩具而打架，我会暂时帮你们保管这个玩具，直到你们有好的办法去分享它，妈妈希望玩具能够给你们带来快乐，而不是争执。"

姐姐听完后主动去找弟弟，询问他是不是想一起听故事。

实施效果

孩子的不当行为除了因为被坏情绪冲昏头脑的缘故，还建立在对怎样获得归属感和价值感的错误想法之上。作为家中的第一个孩子，在弟弟出生以后，姐姐常常有种被剥夺感。当姐姐说出不想自己每次都被要求让着弟弟时，我们意识到姐姐内心深层次的需求。独立的关系对两个孩子的成长非常重要。我和孩子爸爸有意识地增加跟孩子的"特别时光"，增进爱的连接。姐姐也非常期待和妈妈有单独"约会"的时间，每次跟她玩完后，再跟她讲小秘密，复盘之前发生过的事情，往往能让她更了解我们心中所想。

在"特别时光"中，我们全心全意地陪孩子，找准时机再和姐姐头脑风暴，并模拟演练：当大家都要玩一个玩具的时候怎么处理？姐姐想了不同的情形：跟弟弟一起玩的时候，跟同学一起玩的时候，自己先玩的时候，玩具是别人的时候……我发现，通过正面的引导，现在姐姐和弟弟玩耍的过程中虽然也会抢玩具，但是姐姐能更好地控制自己的情绪，也能好好地与弟弟商量。

作 者 信 息

姓　　名：陈义璇　　　　　　　单　　位：广州市天河外国语学校

又打起架来的两兄弟

行为关键词：兄弟之间总是闹矛盾

运用正面教育理念：

1. 纠正行为之前先建立连接。

2. 确保把爱的讯息传递给孩子。

3. 关注问题的解决，而非让孩子付出代价。

运用正面教育工具：

1. 矫正错误的"三R"：承认—和好—解决。

2. 赢得孩子合作的四个步骤：表达出对孩子感受的理解；表达出
   对孩子的同情，而不是宽恕；告诉孩子你的感受；让孩子关注
   于问题的解决。

3. 建立日常惯例表与安排"特别时光"，并有效跟进执行。

行为分析

　　随着二胎、三胎政策的落地，许多家庭中至少有两个孩子。在平时的
相处中，兄弟姐妹之间很容易陷入斗争之中，这是十分正常的现象。细究
之下，就会发现兄弟姐妹之间产生纷争的原因很多时候是不愿意分享或者
互相竞争而产生。他们都在维护自己物品的使用权、占有权，甚至是家里
的空间使用权和占有权，以及不停地确认父母对自己的爱，还有自己在家

庭里的地位等，更深层的原因是孩子的首要目的是追求归属感和价值感。

通过学习正面教育，我们知道：孩子所有的外显行为（冰山露在海面上的部分）都是内在需求（冰山隐藏在水下的部分）的表达，他们每个不当行为的背后，是一个想要有所归属但不知道该怎样以一种恰当、有效的方式来达到这一目标的诉求。我们所要做的，就是要发现他们的内在需求，并且帮助他们以正确的方式去达成。

自从哥哥上一年级以来，我们家发生了非常明显的变化，以前母慈子孝、兄友弟恭的好时光消失不见了。

还记得那天晚上，刚完成作业的哥哥从房间里出来，正巧遇到从外面玩耍回来的弟弟，他和弟弟打了声招呼。

弟弟却二话不说直接一巴掌拍在哥哥的背上，还笑嘻嘻地对着哥哥挑衅道："来追我呀！"

哥哥自然是非常生气，马上回应弟弟的挑衅，追着弟弟四处跑，客厅、房间、阳台……一边跑一边互相打骂，从刚才发生的行为，追溯到了几天前甚至是积怨已久的矛盾，一并揪出来分个对错，大有不分胜负不罢休的架势。

劳累了一天的我，虽然知道不该以发脾气的方式干预，但还是控制不住地爆发了。

我一把抓起衣架，冲到他们中间，大喝道："你们两个有完没完？需要我衣架'伺候'吗？看这个家被你们闹得像样子吗？是的，你们是舒服了、过瘾了，但有问过我喜欢你们这样追逐打闹吗？"

兄弟俩在我的气势压迫下停止了追打对骂，可都用愤恨的目光看着对方，同时也不时地看向我。

弟弟还嘟起嘴巴，皱起眉头，气呼呼地"哼"了一声。

这声"哼"彻底激怒了我，故意惹事的是他，但最不服气的也是他。

我一气之下一把拎起他，能看出来他这会儿是害怕了，小身体在颤抖着，"哇"的一声大哭起来，一边哭一边说："妈妈是个大坏蛋，我再也不喜欢妈妈了！"

他歇斯底里的哭诉唤回了我些许的理智。我克制住怒火，不断深呼吸，接着表面冷静地对他说："我们现在心情都很不好，都先平静一下。你可以抱着你的小熊，我先去外面走走，好吗？"

他有点迷惑地看着我，点了点头。

于是，我走出了家门，在楼下的广场吹着微风，走了几圈。在这十几分钟的时间里，我回想起这一年多来哥哥弟弟之间的变化，第一次如此正视兄弟俩闹矛盾这个问题。

我和刚加完班回来的孩子爸爸在楼下相遇了，于是一起坐在广场的阶梯上进行了冷静的分析和头脑风暴。

我们回顾以前，比哥哥小了不到两岁的弟弟，在哥哥还没上小学之前，每天能在爸爸妈妈的陪伴下，和哥哥开开心心地去楼下玩耍，极少引发争吵。

可是随着哥哥上小学，每天晚上我的时间几乎都花在陪伴哥哥学习上。记不清从什么时候开始，弟弟开始经常有意无意地"招惹"哥哥，有事没事踢一下哥哥或者拍打哥哥几下就跑开，哥哥不堪其扰，总是非常生气地追着弟弟满屋子跑，追上之后你一拳、我一脚地互相打起来。

面对这种吵闹纷争，我一直觉得很正常，因为我自己就有哥哥和妹妹，我们从小也是这样长大的，长大后兄妹之间感情也不受影响。孩子们有自己的世界，只要不是太过分，没有受伤流血，打打闹闹也就长大了。可现在我们发现，长期这样下去，是行不通的，我们必须要重视和解决这

个问题。

是的，教育孩子的挑战来了，也预示着我们和孩子一起成长的机会来了。我和孩子爸爸讨论后一致认为，我们给予孩子的关注分配不均，对哥哥过于关注，导致他压力过大，失去了玩耍的自由；对弟弟关注不够，缺少陪伴，导致他常常以不当的方式去引起哥哥的注意，让我们烦恼的同时，也向我们释放出"我需要你们的关注"这个信号。

孩子的不当行为背后很可能都是为了寻求价值感与归属感。我们决定先和孩子修复关系、建立连接，并用正面教育工具中的"矫正错误的'三R'"和"赢得孩子合作的四个步骤"入手。

回到家里，我来到弟弟跟前，先给了他一个拥抱，看着他的眼睛，温和而真诚地对他说："宝贝，妈妈要先跟你道歉，我不应该在情绪没控制住的情况下拿衣架吓唬你、大声地对你说话。妈妈的行为让你伤心和害怕了，对吗？"

孩子眼眶立刻就红了，含着泪点了点头。"妈妈和你说声对不起。其实妈妈当时就后悔了，你能原谅妈妈吗？"

他点了点头，小声地说："我原谅你，妈妈。但你生气的样子让我感觉很害怕……"

"妈妈知道这段时间缺乏对你的陪伴，哥哥也没有时间和你一起玩，你在家里一定感觉很孤单、很无聊，对吗？"

孩子又点了点头，流着眼泪说："妈妈只顾着陪哥哥学习，不陪我！哥哥也不能和我一起玩，爸爸只顾着加班，你们都不爱我了！"这直接就是声泪俱下地控诉了。弟弟的特点就是有什么情绪以及心里有什么话会勇敢地表达出来。

我把他拥在怀里，擦干他的眼泪，跟他脸贴着脸，柔声说："宝贝，爸爸妈妈爱你，一直都很爱。只是妈妈不是超人，也不是奥特曼，妈妈白天要工作，晚上要辅导哥哥的学习，很累，如果你和哥哥在这个时候吵架，我会很容易生气，你能理解妈妈的感受吗？"

弟弟低头想了想，点点头。

"生气烦躁，对妈妈自己，对你和哥哥都不好。因此，妈妈想改变这种状况，我需要你的帮助，可以吗？"

孩子肯定地点点头。

我继续问："你以后想跟哥哥玩的时候，有没有什么好办法能让自己和哥哥不吵架呢？"

这时，恰好孩子爸爸也跟哥哥谈好了，哥哥走进房间不好意思地说："对不起，妈妈。我不该和弟弟打架让你生气。"

我轻轻地抱了抱他，并把我刚才的问题重复了一遍，让两个孩子去讨论解决问题的办法。

"刘二宝，我和爸爸商量好了，以后我不需要妈妈陪我学习了。我完成作业后可以抽时间和你一起去楼下玩，你愿意吗？"

弟弟用力地点点头："嗯！哥哥，我们还可以玩抓人游戏。"

哥哥看着他强调道："我们先约定好，你不能随便打人、骂人，要遵守规则我才和你玩，知道没？"哥哥一副小大人的样子。

弟弟发挥搞笑因子，来了一个立正姿势，大声回答："是！"

这时，大儿子看着我说："妈妈，你工作那么累，我会自己好好完成作业的，你不用陪着我了。而且，你在我旁边坐着，我也会有点紧张。所以，当我做作业的时候，你可以带弟弟下去玩。我完成作业后也下去玩一会儿，可以吗？"

听到这番话，我心里感觉特别温暖，不由自主地给了他一个大大的拥抱："我儿子能安排好自己的学习，真的长大了。妈妈要谢谢你这么体贴我。"

"嗯，我会努力的。如果我有做得不够好的地方，妈妈也要多一点耐心，好吗？"看着哥哥如此诚恳，我特别欣慰。

"当妈妈耐心不足时，你能用特别的方式提醒我吗？你需要帮助时，妈妈也会及时提供帮助。我和爸爸商量后，希望给我们家多设一些'特别时光'，我们一起多想并且实践些有趣又好玩的事情，比如说搭积木、玩扑克牌等，我们每个月还可以计划一次省内旅游，你们觉得怎么样？"

兄弟俩异口同声地喊了起来："耶！太好了！"

我们都忍不住笑了起来……

实施效果

接下来，我们家庭慢慢地有了些新变化。每天晚上，我会固定地带弟弟下去玩，这是专属于我和他的"特别时光"。每周日，我们家会固定安排整整一天的亲子"特别时光"，有时会外出旅游，地点和内容由我们一家四口共同商定。我和孩子爸爸更加注重和孩子沟通时的方式方法，坚守平等、尊重的原则，尊重孩子的每一个想法，不厌其烦地回应他们每个问题，更加尊重他们各自的决定，和善而坚定地陪伴着他们。在这期间，我们把家庭会议当作惯例每周召开一次，一起制定了日常惯例表。哥哥和弟弟参与讨论各自每天需要完成的事情和时间安排，并制作了任务表贴在冰箱上。日常惯例表里，纳入了兄弟俩非常喜欢玩的一个游戏：枕头大战。此后，十分钟的枕头大战成了我家每天晚上的"固定节目"，欢声笑语不断从家里传出。

慢慢地，哥哥弟弟不再满足于只有他俩参与枕头大战，极力邀请我和孩子爸爸一起加入。于是在两个孩子的安排下，我们经常分成两队进行大战。每当这时，我感觉自己也变成了孩子一样，回到童年时光。哥哥和弟弟特别开心，更乐此不疲，又邀请我们陆续加入他们的各种游戏。而我们家的亲子关系、兄弟关系在这样的互动中越来越和谐，兄弟俩产生纷争的次数也越来越少了，家庭里洋溢着欢乐、温暖。

作 者 信 息

姓　　名：王秀丽　　　　　　　单　　位：广州市天河区长湴小学

家庭正面教育

我用日常惯例表培养孩子的好习惯

行为关键词：幼小衔接，习惯培养

运用正面教育理念：

1. 孩子感觉好的时候，表现才会好。

2. 花时间训练，小步前进。

3. 确保把爱的讯息传递给孩子。

运用正面管教工具：

1. 让孩子参与建立日常惯例表。

2. 安排"特别时光"。

3. 有效地跟进执行。

行为分析

　　良好的习惯对一个人而言非常重要。刚进入小学的孩子，从自由散漫的幼儿园到讲规矩、讲习惯的小学是一个重要过渡，孩子要面对一个全新的环境，接触新的老师和同学，最重要的是要开启一段和幼儿园完全不一样的学习和生活方式，这对于很多孩子而言是个全新的挑战。一方面，他们还对父母有着强烈的依赖和眷恋；另一方面，他们还未养成良好的学习和生活习惯，对于小学生活感到迷茫。所以大人要引导孩子学会合理规划自己的时间，培养良好的习惯，轻松愉快地平衡学习和生活。

制定日常惯例表是正面教育中一个非常好用的工具，和孩子一起制定，可以让孩子进行头脑风暴，帮助孩子培养自律的习惯和责任感，让他拥有规划自己生活的能力，受益终生。

情景案例

很快迎来9月，儿子就要上小学了，我认为很有必要帮助他培养良好的习惯，以便更好地适应小学生活。对于不太会看钟表的儿子来说，首先得让他明白时间的重要性。于是我先和他玩了一个感知时间的游戏：一分钟能做什么？我准备了一个一分钟的沙漏，计时开始，儿子开始拍球，时间一分一秒地过去，最后他拍了112个。

我表扬他："宝贝太棒了！你看，一分钟听起来好像很短，但是可以拍那么多的球，你说一分钟重要不重要？"

他说："重要！妈妈，如果是跳绳，一分钟我还可以跳140多个呢！"

我很开心地给儿子竖起大拇指，然后告诉他："一天有24个小时，有人浪费了时间，有人却很好地利用了时间做很多的事情，为什么呢？因为他们做了时间的主人，合理地安排自己的时间。今天妈妈和你一起制定日常惯例表好吗？我们做一个有良好习惯的人。"

"好！"

于是，我们召开了家庭会议，一起参与讨论制定我们的日常惯例表。在制定过程中，我们充分尊重孩子的意愿，多采用"启发式语言"。

第一步：向孩子提问，分解目标，启发孩子思考。在家庭会议中，我们问儿子："你计划每天几点起床？几点睡觉？怎么安排学习和玩耍的时

间？"在我们的引导下，儿子分解了各个目标，自己定下了活动内容和所需时间。把决定权交给孩子，每一个看似简单的发问，都是我们将信任传递给孩子，无论答案如何，我们都相信孩子能对自己的回答负责。

第二步：让孩子把约定好的内容画下来或写下来。根据我们的讨论，我参考了网上资料，并加上儿子的规划，制定了一份日常惯例表，我来写，他来画，并涂上他喜欢的颜色，然后挂在他房间的墙上，每天按照这个表来执行。

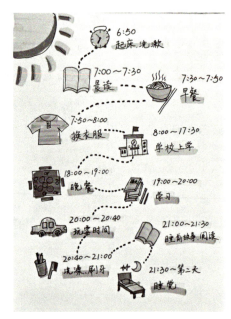

图1　我和孩子制作图文并茂的日常惯例表

第三步：家长每天跟进，用和善而坚定的方式，鼓励孩子用行动去执行。

刚制定好日常惯例表的那几天，儿子每天都充满激情，对照表格内容一步步执行。身教大于言传，家长也以身作则，做好孩子的榜样。每天6:50，我就和儿子一起起床，7:00开始晨读，然后吃早餐，准时上学；放学后回到家，儿子写作业，我就在旁边看书，20:00我们一起到楼下运动，21:00至21:30是亲子阅读时间，然后在21:30左右睡觉。我们互相鼓励，互相监督，每一次成功过后我们都会开心地击掌，并记录在我们的日常惯例表上。

第四步：当孩子不遵守约定时，不批评、不唠叨，把"和善而坚定"贯彻执行。我经常用"宝贝，看看你的惯例表，下一项应该要做什么了"来代替催促与唠叨。有时他确实没有做好，就让孩子自己承担违背约定的后果。

例如，有一天早上他赖床，哭着不肯起来，我们没有批评他，也不去催他。我说："没关系，你再躺一会儿，妈妈等你，你觉得睡够了就自己起床，但是如果迟到了被老师批评，你可要自己承担后果。"

过了十几分钟，他迅速起床穿衣洗漱，似乎要把刚才浪费的时间都补回来。

出门前，我让他再看看他的惯例表，他看着第一条约定的起床时间，不好意思地低下了头。

"宝贝，妈妈理解你，你现在感到不好意思，是因为你已经认识到错误了，你仍然是妈妈最爱的孩子。妈妈希望这样的事下次可以少发生，可以吗？"

"妈妈，不会有下次的。我等会在车上读书吧！"

毕竟他只是个年仅7岁的孩子，约定执行了一个多星期就有点坚持不下去了。我们也发现之前的惯例表确实有不完善的地方，于是我们重新召开了家庭会议，进行第五步：修改日常惯例表，重新制定每周打卡表。

根据之前的日常惯例表，我们把起床时间改为7∶00，上学路上的时间就进行晨读和听音频，再增加了周末的惯例表，把玩耍和运动时间增加了一半，孩子可支配的时间更多了。

新制定的每周打卡表，我们细化了语文、数学、英语等不同学科，每个学科有固定项目和临时项目，固定项目为必做，临时项目可选做，由儿子自己提议，增加他喜欢做的事情，充分尊重他的想法。其他项目，有跳绳、练琴、画画、听名著、玩玩具等，内容可以每周更换。

根据日常惯例表和每周打卡表，我们实行积分奖励机制，做得到就画"√"，做不到就画"△"。此外，我们还安排了"特别时光"：每天获得15个"√"，会满足他一个小小的要求，如一个拥抱、一个大拇指点赞、一段亲子玩乐时光等；每周获得100个"√"，我们一家人会在周

末做一些轻松愉快的事情，如到户外野餐露营、到公园放风筝、到游乐园玩耍等；每周获得130个"√"，假期就可以去旅游。这样既激励了孩子，又增进了亲子关系。

正面教育告诉我们：孩子感觉好的时候，表现才会好。在培养良好习惯的过程中，情绪管理非常重要，我们每个人都要建立好情感连接，善于沟通，做积极向上、乐观的执行者与管理者。

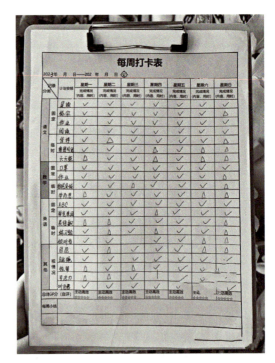

图2　我和孩子制定的每周打卡表，做到了就画"√"，做不到就画"△"

有时孩子难免会坚持不了，父母要积极鼓励；有时孩子表现特别好的时候，父母要毫不吝啬地表扬。反之，如果家长有不足之处，孩子也可以提出批评，家长要虚心接受和改正。大家彼此尊重，互相包容，一同进步。

实施效果

我们一家人认真履行日常惯例表和每周打卡表，虽然并不是每一项都能做到十全十美，但是我们都在向好的方向发展，大家都在一点点地进步。

　　《孔子家语·七十二弟子解》："少成则若性也，习惯成自然也。"播下一个好行为，收获一个好习惯；播下一个好习惯，收获一个好性格；播下一个好性格，收获一个好人生。

　　现在，儿子已经养成了良好的学习习惯和生活习惯了，不用父母提醒，他自然而然地会去做自己该做的事，而且做得很好，真是令人欣慰！我们也在孩子身上看到了自己的不足，同时也因为孩子而不断鞭策自己，努力成为更称职、更优秀的父母。感谢正面教育，让我们都成为更好的自己！

作 者 信 息

姓　　名：陈宇媚　　　　　　　单　　位：广州市天河区龙口西小学

引导孩子做一个合格的时间管理者

行为关键词： 拖拉、磨蹭，缺乏时间观念

运用正面教育理念：

1. 纠正行为之前先建立连接。

2. 花时间训练，小步前进。

运用正面教育工具：

1. 积极的暂停。

2. 鼓励与赞扬。

3. 关注于解决方案。

行为分析

　　7—9岁是儿童自主能力发展的关键时期，他们正处于学习和探索的阶段。在这个年龄段，孩子仍在发展他们的自我管理技能，包括时间观念和时间管理。他们可能还没有完全理解时间的概念和重要性，或者还没有掌握有效管理时间的方法。在日常生活和学习中，孩子仍在逐渐建立和发展这些技能。因此，对于缺乏时间观念和不能合理安排时间的行为，我们应该以理解的态度来看待，并认识到这是他们发展过程中的一部分。

　　孩子在娱乐过程中，常常会忘记时间，一直沉浸在游玩的快乐中，但是对于学习他们却拖拉、磨蹭，因为"学习"这件事并没有给孩子积极的情感反馈，导致他们缺乏兴趣，不愿意主动参与并投入时间。这可能需要家长和教育者找到合适的方法来增强孩子的学习动机，如与他们一起设定有吸引力的目标或提供有趣的学习环境。

《正面管教》书中说：每个孩子都是独特的个体，他们的行为可能受到多种因素的影响。我们应该努力理解他们的需求、发展阶段和困惑，并以尊重和接纳的方式与他们互动。我们应该培养孩子的自主性和责任感，帮助他们理解自己的责任和影响，鼓励他们参与决策和规划，并让他们逐渐承担起自己的行为后果和责任。

一天晚上，我和孩子爸爸在客厅讨论，我说："最近孩子做事拖拉、磨蹭，今天早上，他从7点10分起床后就一直磨蹭到7点40分，上学差点迟到。我冲他发火并斥责了他的拖延行为，最后，他才很不情愿地离开家。如果我让他去打篮球，去做他喜欢做的事情，他就能立刻放下手上的事情，玩到忘我。我认为孩子不管是上学还是打篮球，都没有一点时间概念。"

孩子爸爸建议我冷静地思考一下后，再与孩子进行沟通。于是我拿起《正面管教》一书，翻看了相关章节。其中一章"错误目的"中提到：当孩子出现拖拉、磨蹭的行为，是在寻求过度关注。

第二天晚上，孩子在写作业的时候，继续使用磨蹭的"战术"，他的眼神游离不定，手在纸上来回涂抹。见此情形，我先用10秒深呼吸控制自己的情绪，然后轻轻地把手放在孩子的肩膀上，示意他停下来："亲爱的，我看到你在写作业时似乎有些分心。你先停下来，我们聊聊好吗？你

最近有遇到什么困难吗？"他点点头，放下手中的笔，内疚地看着我，似乎感受到了我对他的关心，随即问道："为什么我不能一直快乐地玩耍，少点时间学习多点时间玩耍呢？" 我想他可能不确定如何更好地安排时间和完成任务，甚至对于学习表现出一定的抵触，这时候应该要给他更多的引导。

我说："当你感觉不好的时候，可以停下来。妈妈很理解你的想法，玩是你们孩子的天性，我也很支持你在课余活动时间去做自己喜欢做的事情。学习能够拓宽我们的视野，能让我们了解这个神奇的世界，甚至解释一些有趣的现象：比如打篮球的时候，当篮球的轨迹成为一条抛物线时可以增加投进篮框的概率；又或者借助力的作用，能够利用篮板的反弹使篮球弹入篮框。我们学习不是单纯地为了学习书本上的知识，更重要的是将它们运用到实际生活中，从而对这个世界产生浓厚的兴趣。"

听完我的这番话，孩子认真思考后问："那我学习了更多的知识，是不是就可以交到更多的朋友？"我和孩子爸爸发现孩子其实挺外向的，可以通过一定的社交来增加乐趣。我们点点头，表示支持他的看法。随后，孩子承认他觉得一些作业任务很无聊，不喜欢做。他还表示经常分不清哪些任务应该先做，总是浪费很多时间思考而没有动手实践。

然后，我们开始与孩子讨论积极的解决方案。我们提到自己也经历过类似的情况，并分享了如何学会管理时间和完成任务的经验。我们强调了目标的重要性，并与孩子一起制订可行的目标和计划。我们鼓励他设定小目标，制订具体的计划，并帮助他理解如何将任务分解为更小的部分，以便管理。

接下来，我们还和孩子一起制定了一个简单的时间管理计划表（表1）。我们帮助他列出每天的任务清单，并根据重要性和紧急性优先安排任务，可以使用"提醒事项"、时间管理计划表和定时器来帮助他更好地掌握时间。

表1　时间管理计划表

时间	重要且紧急的事（优先处理）	重要但不紧急的事（其次处理）	紧急但不重要的事（可处理也可不处理）	自我评价
周一	1. 2.	1. 2.	1. 2.	☆☆☆
周二	1. 2.	1. 2.	1. 2.	☆☆☆
周三	1. 2.	1. 2.	1. 2.	☆☆☆
周四	1. 2.	1. 2.	1. 2.	☆☆☆
周五	1. 2.	1. 2.	1. 2.	☆☆☆

使用说明：

1. 可以尝试把每天重要、紧急的事记录下来，并优先处理这些事。

2. 完成了一天的任务后，在自我评价栏给自己点亮小星星吧！

我们还鼓励他找到作业中的有趣部分，并与他讨论如何使学习更有趣。我们提供了一些创造性的学习方法，如与同学一起研究、制作有趣的笔记，或将学习与自己的兴趣相结合。

最后，我们告诉孩子，我们相信他能够改进，并表达了对他的支持和鼓励。我们答应他在这个过程中会一直陪伴他，并提供必要的帮助和指导。

实施效果

　　通过积极的引导和支持，孩子在潜移默化中逐渐提高了自己的自觉性和责任感。他意识到及时完成任务的重要性，并开始主动安排时间和制订计划。

　　在接下来的日子里，我们和孩子一起制订了日常计划，并严格遵守时间表。当孩子开始学会更好地管理时间、完成任务并取得进步时，他会更加自信并获得成就感，这将激励他继续努力并在其他方面表现出积极的行为。后来，孩子开始自主完成学习任务，并且效率很高，在玩耍的时候也注意到了自己的时间安排，会主动询问家长，并且会因玩耍时间太长向我们道歉。我们在他较好地完成各项任务后也会给予一定的奖励，会带孩子去外面游玩，多接触大自然，开阔眼界。与之前相比，我们感觉孩子长大了许多，也越来越乐于主动与我们沟通和分享。

作 者 信 息

姓　　名：钟学文家长　　　　　　单　　位：广州市天河区奥体东小学

鼓励和有效跟进，孩子完成作业高效不拖延

行为关键词： 作业拖延

运用正面教育理念：

1. 孩子感觉好的时候，表现才会好。

2. 纠正行为之前先建立连接。

3. 确保把爱的讯息传递给孩子。

4. 花时间训练，小步前进。

运用正面教育工具：

1. 和善而坚定。

2. 鼓励的语言。

3. 有效地跟进执行。

行为分析

　　小学低年级的儿童，在他们的性格特征中表现出明显的独立性。他们开始希望有独处的时间，有自己的想法。随着年龄的增长，他们对外部控制的依赖性逐渐减少，但其内部的自控能力又尚未发展起来，还不能有效地调节和控制自己的行为。写作业时不想让别人时时刻刻盯着他，但又无

法专注高效地自主完成作业，总是容易走神、注意力不集中。另外，由于他们不能很好地了解和感受时间的概念，常常不知道自己学习了多久，一想到完不成又开始着急。

正面教育告诉我们：孩子的首要目的是追求归属感和价值感。只有当孩子内心感受到归属感和价值感时，他才由生存模式转换到成长模式，才有足够的精力去发展自我。学习不是一蹴而就的，家长应该花时间训练孩子，在制定目标之后有效地跟进执行，鼓励孩子的每一次进步。

情景案例

儿子从二年级升到三年级，从无书面作业到有书面作业，各种挑战接踵而来。

孩子放学回到家总是不会想到主动去写作业，根本不觉得写作业是他的责任。我忍不住就开始提醒："回家第一件事就要完成作业，完成作业后就可以看电视，还可以去找小朋友玩。"但他不以为然，好不容易坐到了书桌前，光从书包里拿作业本出来就花了5分钟，然后从放到桌上到开始动笔，还需要10分钟。常常半个小时过去了，他才写了一行字。我去上个厕所回来，看到他不是在抠橡皮、拨弄尺子，就是在打哈欠。

催、盯、吼了一个学期，写作业仍然是个无比艰难的大工程，催着赶紧写，提醒别走神，整理书桌、书包还需要我来念叨才记得。

因为要陪孩子写作业，我感觉自己每天下班回到家的时间就被他完全占据了，而他的磨蹭拖拉、分心走神又让人火冒三丈。

又是一个晚上，因为我自己还有点工作要处理，就没有盯着他写作业，等我忙完走进他的房间，发现他正在玩透明胶，还没写完作业。怒气冲冲的我对着他吼道："我一不盯着你，你就偷懒。你看看今天这点作业，多吗？写到现在都没写完，就知道玩。你真的太让我失望了！从今天起，下楼玩、看电视什么的你都别想了！"说完，失望的我又苦口婆心地说："你知道吗，学习是你自己的事情，你到现在都还要妈妈盯着才能写作业，等到四年级以后，作业会更多，你打算怎么办呢？"

儿子怔怔地看着我，泪水在眼眶里打转，说了一句："妈妈，我又懒又不自律，我是不是很没用？"

听到儿子这么说我一下子愣住了，心中一紧。我花那么多时间，用那么多心思养育的孩子，到头来他对自己的评价却是懒、不自律、没用。当晚孩子睡着以后，我想起来他说的这句话，崩溃大哭。

儿子的话把我从每天焦虑忙碌的状态中拉了出来，我开始反思：我有多久没有鼓励和肯定他了？这学期以来他难道就没有一点进步？在我催促与提醒他的时候，他是否感受到了妈妈的爱？在他总是忍不住走神、完不成作业的时候我有没有给他提供帮助？经过冷静思考，我决定重新出发。

第二天，我把老公和儿子叫到一起，共同讨论如何战胜作业拖拉这个困难。

我挨着儿子坐下，轻声说："儿子，爸爸妈妈之前总是因为作业的事情催你、骂你，我们已经意识到问题了，那样不仅不会让你写得更快，反而让你很紧张。你总是控制不住自己走神，但又不知道怎么办。"

儿子不作声，表情也有点自责。我把手放在他的肩膀上，鼓励道："妈妈能感觉到，写不完作业的你也很着急。你愿意和爸爸妈妈一起想办法，高效地完成作业吗？"

"嗯，我愿意。但是我怕做不到。"儿子抬头看着我说。

"做不到也没关系，不是还有爸爸妈妈吗？我们一起帮你。"

经过讨论，我们跟儿子一起制定了"不催不陪作业打卡表"，从下月起，在爸爸妈妈不催不陪的情况下，晚上9:00前完成作业就算成功。跟儿

子一起商量后，我们决定先把目标定为15天。一开始我觉得才一半，挺少的，但考虑到他之前的作业完成情况，也为了遵守"让孩子自己决定"的原则，尊重了他的意见。我们也约定好，如果他提出希望爸爸妈妈在旁边陪伴也可以，但我们不能讲话。晚上9:00如果还没有完成作业可以再做半个小时，但当天不算完成目标。晚上9:30没完成就不可以再写了，孩子需要自己去面对老师，第二天再找时间补上。

接下来，每天等儿子的这句"妈妈，我去写作业了"都是煎熬，不催促也是对我自己的一个巨大挑战。但我告诉自己要放手，要信任孩子。虽然孩子有时还是会有作业拖延的情况，但只要他主动说"我去写作业了"，我跟老公都会对他竖起大拇指。如果那天他在晚上9:00前完成了作业，我们还会认真地鼓励他。

"我注意到你今天抄完生字只用了10分钟，好厉害！"

"我看到，今天妹妹去你房间，你都没有被她打扰，没有跟她说话。"

"我观察到你今天写作业前把书桌上会让你走神的东西都放进抽屉里了。"

"哇，我听说今晚你8:00前就写完作业了，你是怎么做到的？"

没有做到的时候，也不打击他，只是和善而坚定地执行我们的约定。

这天已经晚上9:30了，儿子还有课外阅读记录没有完成。我走过去和善而坚定地说："睡觉时间到了，不可以做了，很可惜你今天没有做完作业，我们要收拾书包了。"

儿子一听立马哭了起来，不肯去收拾。

我说："没关系，我们接纳这个现实。如果今天妈妈早点提醒你，适当地催你，你现在肯定完成了。因为我们现在是在进阶，就像打游戏升级一样，遇到了一个大怪兽就特别不容易过关。没有谁可以一次就做到的。"

他说："妈妈，我想做完它。"见他诚恳地请求，我便同意再给他半个小时做作业。儿子一边写作业一边说："妈妈，谢谢你给我延长时间。"

回想起儿子近3年的小学生之路，其实是挺坎坷的：从带不齐书本到自己不遗漏地收好书包；从作业登记不齐到按时完成作业；从一问三不知到自己主动把回执通知交到我手里；从想不起作业这件事到觉得做作业是自己应该做的事。每一个变化都需要几个月、半年，甚至一年多的等待。示范—练习—督促—练习—督促，孩子在一点点地进步。

实施效果

我们坚持花时间和孩子一起不断地完善和有效地跟进执行"不催不陪作业打卡表"上的约定细节，这个过程不是一蹴而就的，不可能马上就得到一个自觉自律的孩子，但我们看到儿子在一点点慢慢进步。

第一个月下来，儿子刚刚好达到了自己的目标。在一个月中有15天在晚上9:00前完成了作业，他会得意地跟我们说："我达到目标了！"在儿子的努力和我们持续地跟进下，4月又有了进步，30天中有19天在晚上9:00前完成了作业。孩子回家后马上自觉写作业的次数也越来越多。

现在我们已经不需要打卡表了，儿子回到家会自己决定什么时候开始写作业，另外他还找到了一个学习20分钟休息5分钟的方法，他说这样效率更高。现在他依然会有抠橡皮、画桌子、玩笔忘记时间的时候，但他不会觉得自己是个没用的人。有一天孩子写作业写得有点晚，他反思说："虽然有点晚，但我坚持完成了，还是很有毅力，就是效率可以再提高一些。"

作 者 信 息

姓　　名：唐婷　　　　　　单　　位：广州市华颖外国语学校

训练专注力，培养良好的做作业习惯

行为关键词： 做作业拖拉

运用正面教育理念：

1. 接受不完美，犯错误是学习的好时机。

2. 花时间训练，小步前进。

3. 孩子的每个行为都是为了寻求价值感和归属感。

运用正面教育工具：

1. 错误目的表。

2. 花时间训练。

3. 鼓励。

行为分析

　　做作业拖拉是许多一年级孩子面临的普遍问题，原因有行为上的，也有心理上的。在行为上，由于缺乏自我管理能力，一年级孩子通常还没有完全掌握自我管理的技能，没有意识到及时完成作业的重要性，也缺乏有效的时间规划和任务分配能力。还有的孩子缺乏学习动机和兴趣，他们会觉得做作业是一种负担，缺乏对学习的积极态度。在心理上，孩子因为对

作业的完成要求感到恐惧和焦虑，他们担心无法及时完成，或者担心作业的结果不如预期，这种焦虑情绪容易导致孩子做作业拖拉。还有可能是注意力不集中而引起的，孩子容易分心，无法持续专注，从而导致作业完成进度缓慢。

情景案例

我的女儿六六是个一年级的小学生，在刚入学时，由于没做好幼小衔接方面的训练，在学习上比较吃力。特别是在拼音学习上，问题较多，经常搞混一些相近的声母，不能清晰区分前后鼻音等。例如"p、q、ch、zh"等声母，或者"ba、pa、ma"等拼音。在拼音学习中缺乏兴趣和动力，写作业时总是分心或拖拉，无法专注。每次遇到这种情况我总是暴力压制或者说教式沟通。

我总是说："宝贝，你写作业怎么这么慢啊？""你不能这样啊，做作业是很重要的。你要集中注意力，认真写作业。""你可以尝试一下，先集中注意力写作业，写完了再喝水、吃东西或者去上厕所。"

如此说教后，我自认为已经表达得很清楚，孩子也明白了我的意思。但是没几分钟，她又变回老样子。坐不住，开始削铅笔，玩削笔刀；要喝水、上厕所。我坐在旁边不停地提醒"赶快坐好！"。但只要我一离开，女儿就变本加厉。反复几次搞得我没有耐心，我就开始大声吼叫。往往10分钟左右的作业量，女儿要拖延至半小时。

经过一段时间的斗争，我发现了一个问题，作业并没有达到检测效果，女儿写作业完全是在应付，并没有投入心思。经常性的冲突，让亲子关系变得异常紧张，我越来越暴躁，孩子越来越沮丧。为了改变现状，我尝试先改变自己，并试图找到有效的方式来解决这个问题。

经过与正面教育家庭指导师的探讨，我了解到，孩子的一切不当行为背后很可能都是为了寻求价值感与归属感。针对孩子出现的专注力不够的问题，我从"错误目的表"中找到了相应的解释，孩子的错误目的是为了寻求过度关注。无用的寻求关注的方式会将彼此间的关系搞得紧张，我们需要找到一种有效的应对方法。而鼓励就是应对寻求过度关注的孩子的一种有效方法，我们要通过有益的活动来帮助孩子获得关注。

我计划通过训练的方式让孩子获得价值感。首先，训练并不是简单地重复练习，而是花时间把训练变成一种游戏，让训练的过程充满乐趣。孩子在这种轻松愉快的氛围中，愿意和家长合作，拉近了彼此间的关系，从而建立连接。

我们做的第一个训练是"我当小老师"，主要是解决孩子拼音学习基础薄弱的问题。在每天写作业之前，我们会玩角色扮演的游戏，六六是老师，要把今天学校老师讲的拼音规则教给我。我要积极配合，在关键问题上提出疑问。下面是一次游戏对话。

六六："今天我们学习音调标注，i、u并排标后面。"

我："i、u并排标后面是什么意思啊，老师能不能举个例子呢？"

六六："（在纸上写出例子）你看，liú，音调标在u的头上。"

我："哦，这样啊，那lui，音调标在谁的头上？"

六六："音调标在i的头上，i、u并排标后面嘛！"

我："但是，老师，luí怎么读呢？"

六六："嗯……（反复拼读中），妈妈，我不会读。"

我："妈妈也不会读，那我们一起查一下资料吧！"

（我也确实不知道为什么不能拼读。上网搜索"l能和ui相拼吗"，结果显示"l不与en、ui相拼，ui也不能和n相拼"。）

六六："太好啦，我们发现了一个秘密，原来ui既不能和l拼读，也不能和n拼读。"

通过这样的游戏互动，孩子的身心比较放松，心情很愉悦，与家长的情感连接更加紧密。在接下来的写作业过程中，六六能保持良好的状态，遇到困难不再畏缩，或者自己认真回忆，或者寻求妈妈的帮助，能坚持把注意力放在写作业这件事情上，相对减少了其他的无关行为。

我们做的第二个训练是持久力的训练，针对的是孩子写作业不能持久的问题，目的是提高孩子的专注时间。做法是小步前进，先从5分钟开始训练，慢慢延长训练时间。让孩子从简单的任务开始，一旦孩子能够完成这些任务，可以逐渐增加任务的难度，以帮助孩子逐渐提高专注力。在训练的过程中，用鼓励的语言对孩子的行为进行及时的反馈。

在孩子完成一项任务时，我会对她说："宝贝，经过你的努力，你已经顺利完成一部分任务，你是不是很有成就感？现在你可以自由安排5分钟的时间。""妈妈，我觉得很快就完成了任务。现在我要玩5分钟了！""是的，宝贝，你可以玩5分钟，但是你能自己定好时间吗？"让孩子定好时间，并且自由支配5分钟的休息时间，这个时候孩子可以玩玩具、做手工、听故事。当5分钟计时闹钟响起，如果孩子能及时坐到书桌旁，我会对她说："宝贝，你能控制玩耍的时间，我为你感到自豪。"如果孩子不能及时坐回来，家长也不能急躁，切忌大声吼叫，否定一切。给孩子一定的缓冲时间，如果时间太久还没有坐回来，可以出声提醒："宝贝，你的自由活动时间已经清零，现在需要继续储存时间。"当孩子坐回桌前，我们也要给予语言上的鼓励："谢谢宝贝，我们一起完成了这个约定。"

经过几次训练后，我尝试放手让孩子自己掌控整个学习流程。我们可以坐得稍微远一点，不再紧盯不放，当孩子需要帮助的时候，我们刚好都在。有时候我正在做家务，我会说："宝贝，妈妈还有家务要做，我们现在各自完成手头上的事情吧！"孩子的成长需要陪伴，陪伴的方式并不是紧盯不放，而是有多种方式的，孩子需要的时候，转身能获得我们的帮助，这才是各自最舒适的陪伴。陪伴也是一种关注，对于寻求关注的孩子来说，我们可以通过有益的活动帮助孩子得到关注。

实施效果

　　利用正面教育的"错误目的表"，我了解到孩子的行为背后的错误目的是寻求关注。在理解了这个错误目的后，我利用各种方式来鼓励孩子坚定信念，并进而完善行为。我能够区分鼓励和表扬，也懂得鼓励是一种积极的支持。在与孩子的相处过程中，我能理性地看待孩子身上出现的各种行为问题，亲子关系更融洽。孩子在和谐的亲子关系中更有安全感，能愉快地投入活动，遇到困难时不再选择逃避、放弃，而是能通过分解任务降低困难。孩子愿意与家长建立亲密连接，能听取家长的建议，不断完善行为，慢慢培养好的习惯。

作 者 信 息

姓　　名：樊继珍　　　　　　　单　　位：广州奥林匹克中学

孩子容易放弃，家长可以这样做

行为关键词：畏难，容易放弃

运用正面教育理念：

1. 花时间训练，小步前进。

2. 孩子感觉好的时候，表现才会好。

运用正面教育工具：

1. 描述性语言。

2. 鼓励。

3. 花时间训练。

行为分析

　　小学阶段的六年是孩子接受知识和培养自信的关键时期。这个阶段的孩子充满好奇心，渴望尝试新鲜事物，但同时，他们的心理活动缺乏目的性，自控力不够强，注意力容易受其他因素影响而导致分心。因此，孩子在遇到困难和挫折的时候很容易放弃，难以坚持下去。

　　正面教育告诉我们：孩子在面对困难的时候，可能因为自身的能力不足而产生恐惧，内心觉得自己无法解决困难，因而以逃避的方式应对。家长要避免给孩子贴上"不自信"的标签，或者责备他们，而是需要理解孩子面对困难时的恐惧心理，关注并发现他们能做到的事情，引导孩子勇于面对困难，把困难分解成一个个可以应对的小问题，然后协助孩子一步步解决，日积月累，最终解决大问题。

情景案例

　　跳绳是小学一年级必考的体育科目，一年级的学生要想获得体测"优秀"，每分钟跳绳需要达到100下左右的成绩。这种要求对一个连跳绳都不会的孩子来说，无疑是巨大的挑战。

　　孩子从一开始就很抗拒跳绳，一想到要跳绳，就满脸愁苦，因为她知道自己的体育运动项目成绩在幼儿园时期就比别人差。

　　了解到这个情况后，我找了个机会和孩子进行谈话，我说："我注意到跳绳对你来说是一件很不容易的事情，尤其一年级就要挑战每分钟跳绳100下，听起来确实很不容易呢。不过，我们可以试试看。现在是暑假，还有很长一段时间才开学。我们可以在这一周尝试每分钟先跳10下，我陪着你跳，好吗？"

　　一开始，孩子还是很不情愿。我坚定地告诉她我会每天陪她一起训练后，她同意了。征得孩子同意后，我们每天花时间训练。

　　我们先找到跳绳教学视频，观看跳绳的拆解步骤，然后开始实践。

　　第一步，我们只用手练习甩绳。这一步对孩子来说是比较容易的，因为只用到了手这一个部位进行练习。很快，她就能甩出节奏了。接下来我们按照视频的第二步，单手甩绳子，配合无绳跟跳，让脚步的节奏和甩绳的节奏达到一致。因为没有开展实质性的跳绳动作，孩子也很轻松地掌握了。连续两个分解步骤的顺利通过让孩子增强了信心。我说："你看，你可以做到的。以前之所以觉得难，是因为我们没有找到方法。现在有视频里的老师教学，看来学习确实有效果呢。"

获得鼓励后，孩子准备挑战第三步——具体实践。这个时候困难出现了。跳了一下后，第二下就无法衔接下去，连续几次都是这样，孩子非常沮丧，想要放弃。

我观察了她的动作，原来是孩子甩绳的手部姿势不对。于是我又打开视频，让孩子自己观察老师的手部动作，提醒她注意夹紧手臂，用手腕的力道来甩绳子，而不是用大臂来带动绳子。通过观察学习，以及数次动作的调整，慢慢地，她有一两次能够掌握动作要领了。这时，我抓住机会，及时给予反馈："你看，你刚才就做对了，夹紧了手臂，就成功地跳了两下。对，就这样。"听到鼓励的话，她脸上有了笑容，继续进行练习。

得到正面反馈后，孩子意识到自己的哪一步动作是正确的，于是有意识地不断重复正确的动作。当她遇到挫败和感到沮丧的时候，我也没有责备她，而是让她停下来缓一缓，并称赞她刚才做得很好，只要坚持一下，就可以再多跳一次了。

就这样，当孩子动作正确时，多使用"正面反馈"，遇到挫折和困难时，"消退""暂停"，再鼓励重新开启。她从一开始只能连续跳一两下，到可以连续跳三四下，再到三天后可以连续跳10下……我用十分惊奇的语气称赞她："哇！你看！你做到啦！妈妈就知道你可以的！"

就这样，我们每天坚持半小时到一小时的不间断训练，一个月后，孩子最终达到了每分钟连续跳绳80多下的成绩。开学后，在学校老师的引导和训练下，很快地，她就达到了一分钟100下的跳绳成绩，顺利通过了体测。

实施效果

孩子面对困难时，不是因为缺乏自信，也不是因为胆子小，更不是因为他们不能面对困难，而是孩子缺少应对挑战的方法，作为父母，我们看到孩子用逃避、退缩的方式面对困难时，先不要着急，更不要担忧孩子是不是缺乏自信，甚至出于焦虑而责备孩子。

我们可以停下来换位思考：当我们自己面对困难时，会怎么做？是否也渴望有人指点一下？这样一想，我们也许能理解孩子，陪伴他们一起面对困难，通过言行来影响孩子。

当孩子获得成就后，我们应及时给予鼓励，描述孩子表现优良的细节，帮助孩子看到自己身上的闪光点，增强自我效能感。

后来，每当孩子遇到挫折时，我都会举她练习跳绳的这个例子，告诉她，只要找对方法，不断努力，就一定可以到达成功的彼岸，希望她相信坚持的力量，相信自己能够做到。

作 者 信 息

姓　　名：张静　　　　　　　单　　位：广州市南国学校

让父母与孩子共克难关，共同成长

行为关键词：畏难情绪多，容易放弃，不能坚持

运用正面教育理念：

1. 孩子的首要目的是追求归属感和价值感。

2. 孩子感觉好的时候，表现才会好。

3. 一个行为不当的孩子是一个丧失信心的孩子。

运用正面教育工具：

1. 从错误中恢复关系的"四R"：承认错误—承担责任—道歉和解—专注于解决问题。

2. 安排"特别时光"。

3. 有效跟进执行。

行为分析

　　孩子的首要目的是追求归属感和价值感。当孩子通过各种尝试都得不到认同，他们就容易放弃，因为他们真的相信了自己不够好，倾尽全力也办不到。当孩子处于以上"求存"状态时（即努力地想如何得到归属感和价值感），则会出现与之相对应的"求存"模式，即家长眼中的畏难情绪多，容易放弃，不能坚持。

情景案例

琬怡在部队大院长大，从小就喜欢看爸爸和叔叔们一起踢足球，所以琬怡也很喜欢踢足球。刚开始踢足球时，她热情高涨，每天抱着足球到处跑。为了让她接受正规、专业的训练，我给她报了足球课外班。

在一次训练中我发现，对于比较难的训练内容，她在试了几次没有成功后，积极性就不高了，甚至不再主动训练，就坐在球场边看别人踢球。在后面几个星期的训练中，我发现她的积极性在不断下降，甚至懒散地躺在球场边，目光呆呆地看向天空，完全不参与训练。

当时我就生气了，大吼道："你为什么躺在球场边，不参与训练，也不和其他小朋友一起玩？"我的语气严厉，甚至带有质问的味道。

在教练和其他队员面前这样说她，她觉得没有给她留面子，脸色当时就变了。于是她大声地回怼我："我已经练习完了。我就是不愿意和他们一起踢球。"她的语气中充满挑衅的意味，火药味十足。潜台词是：我就是不练，你能把我怎么样？

我想如果我们继续就此事争执下去，肯定会爆发激烈的冲突。于是，我想到了正面教育工具中的"从错误中恢复关系的'四R'"。

首先跟孩子道歉，承认错误。"琬怡，妈妈不应该当着这么多人的面指责你、不给你留颜面。我太冲动了，没有考虑到你的感受，我很后悔，我真诚地向你道歉，希望你能原谅我。"

孩子看到我主动道歉，也感受到了诚意，说话的语气一下柔和了很多："妈妈，对不起，我也不应该跟您顶嘴，我知道您是在关心我。"

我意识到这是一个化解隔阂的好机会，但是我首先得找到孩子行为背后的原因。于是，我打算利用这个机会，与她进行一次深入交流。

琬怡告诉我："足球队里只有我一个女生，我个子没有别人高，力量没有别人大，带球向前冲的速度也没有别人快，射门时球根本踢不起来，每次射门都被守门员轻而易举地拦住。他们都觉得我实力太弱，不愿意和我练球，认为我会拖累队伍输掉比赛。"

我和孩子爸爸听后才明白原来是孩子感觉到自己在球队中被否定、孤立，找不到自己的价值感和归属感，她丧失了信心，感到失落、无助。怪不得她曾经问我："妈妈，我是不是一个什么都不行的孩子？"听了她的话，我既难过又心疼。她完全否定了自身价值，看不到希望，甚至想放弃学习足球。

我们意识到，孩子的情况不仅仅是她个人的问题，作为父母必须要承担相应责任。我抱抱她，说："琬怡，这不完全是你的错，爸爸妈妈也有责任。我们没有给予你足够的陪伴，导致你的训练时长和训练量都不够；也没有根据你的具体情况做出有针对性的训练。要想赶上队友，缩小你们之间的差距，我们需要共同努力。"孩子望着我，边抽泣边点点头。

后来，我们和孩子一起分析了与其他队友产生差距的原因。在与孩子深入交流后，我们一起总结了三点原因：一是技术水平有限，技术要领掌握不到位；二是课后训练量不够，跑动的速度和体力跟不上；三是自信心不足，突破困难的勇气不够。针对以上原因，我温柔地问孩子："有没有办法可以解决这些问题呢？"

"妈妈，我想跟你和爸爸一起找到解决办法。"于是，我们一起讨论，最后形成了如下对策：

（1）由爸爸帮助琬怡进行每天半小时的专业训练，进行内脚背射门练习，提高球感。

（2）每天坚持半小时体育锻炼，增强体力与耐力，提高奔跑速度。（根据以上两点安排"特别时光"，爸爸妈妈一起陪伴孩子完成，主要由爸爸对孩子进行足球与体能的专业训练。）

（3）培养孩子面对困难的勇气。关于培养勇气，我采用了三种方法：首先，我们一起观看了足球巨星梅西的视频，让她明白梅西之所以能取得极高的职业成就，并被全世界球迷所喜爱，就是因为梅西的努力——身患"发育荷尔蒙缺乏症"的他绝不放弃，在治疗期间仍坚持对着墙壁踢球和接球，努力最终得到回报。其次，我们一同制定每天突破自我的小目标，比如设定每天射门次数。我们一起练习，坚持每天都有新突破，在成功后，我会给予孩子充分表扬。最后，为其创造融入集体的机会。我请教练引导她参与集体训练和比赛。在训练前，要和孩子商量当日训练的目标，让她自己去实现。在训练中，教练始终给予她充分关注，适时给予肯定的眼神和掌声，让她时时感受到被关注和关爱，持续增强自信。

同时，我们一起制定了日常惯例表，约定训练完了之后才可以做自己想做的事情。但是爱玩是孩子的天性，有时候她还是不自律，想偷懒不训练。这时我会和善而坚定地说："自觉与爸爸一起训练是一件很不容易的事，需要很强的意志力。但是我相信你能做到。"适当的鼓励让孩子更有力量坚持下去。

实施效果

孩子不良行为的重要原因是归属感和价值感的缺失。所以我和孩子爸爸安排了与孩子的"特别时光"，并通过日常惯例表有效地跟进、执行。一段时间后，孩子的足球技术有了稳步提升。随着技术进步收获了同伴和教练的认同，孩子在此过程中渐渐变得自信、开朗，训练也更加自律了，不需要我们提醒，根据日常惯例表上的时间、内容和要求，她会主动请爸爸陪她练球。只有孩子感觉好时，她才会做得更好。在训练中，她也会提出自

己的看法，例如，她觉得内脚背射门练得不错了，想学习正脚背射门。只要孩子提出的意见是合理的，是对她训练、成长有帮助的，我们都会尊重，并且让孩子参与完善日常惯例表。在持续引导下，孩子找到了归属感、获得感、成就感，培养了勇敢、善良、乐观、有担当的好品质。

作 者 信 息

姓　　名：丁淼　　　　　　单　　位：广州市天河区五一小学

孩子遇到困难容易放弃，怎么办

行为关键词：畏难情绪重，容易放弃

运用正面教育理念：

1. 关注问题的解决，而非让孩子付出代价。

2. 接受不完美，犯错误是学习的好时机。

3. 纠正行为之前先建立连接。

4. 确保把爱的讯息传递给孩子。

运用正面教育工具：

1. 共同解决问题的七个步骤：开始谈话—倾听孩子的想法—说出
自己的感觉—感谢孩子—启发孩子解决的方法—选定解决方
案—约定回顾时间。

2. 鼓励。

行为分析

　　孩子因为生活经验较少，当遇到无法解决的问题或者搜索不到解决
方法时，会产生"不能完成"的恐惧心理，进而形成一种消极的心理暗
示——"这个事情太难了，我做不了"。

　　正面教育告诉我们：孩子处于情绪之中，感知力下降，暂时失去逻辑
思维能力，他需要的是接纳和理解，而不是被说教、否定。

星期天下午，我正在单位值班，收到女儿小提琴老师发来的信息：宝贝这周是不是练琴的时间比较少，上一节课的内容掌握不好，很生疏。收到信息的那一刻，我的脑海里不禁浮现了女儿每天晚上写作业磨磨蹭蹭，找借口不练习小提琴的画面，顿时感觉恨铁不成钢。

下班回到家开门的瞬间，看见女儿优哉游哉地窝在沙发看杂志，顿时感觉气不打一处来，我冲上前一把抢过她手中的杂志，对她吼道："你太让我失望了，正经的事情没有做完谁允许你看杂志的？有闲情看杂志为什么不去练习小提琴？为什么那么不自觉？我要把所有的课外书全部收走，以后你休想看课外书！"说完也不管女儿的哀求，我开始动手没收所有的课外书，并且恶狠狠地叮嘱她赶紧去练习小提琴。

我气还没有理顺，便听到房间里传来了不成曲调的小提琴声，难听至极，火冒三丈的我不顾一切冲进房间大声吼道："你看看你拉的什么曲子，这就是不练习的后果，越学越倒退，不如不学了！"

接下来的一个小时里，房间里面混杂着小提琴声和女儿的啜泣声，我被这啜泣声搅得心烦意乱，正打算再去训斥一番，孩子爸爸却把我拉出了家门，说去散散步。

坐在小区楼下的长椅上，看着楼下一群三四岁的小朋友围在一起玩泡泡水，追着跑着，十分开心。突然，孩子爸爸说道："女儿也很喜欢玩泡泡水，追着泡泡怎么跑都不累。我还记得有一次，隔壁小哥哥买了一个新的泡泡机，邀请她一起玩，不过那天她的作业没有做完，硬是忍住没有下来玩。其实女儿也不是贪玩的小朋友，或者我们应该尝试帮她一起找找原因，共同解决问题。"

经过一番冷静思考，我也意识到在这段时间我一直盯着结果，没有细心去了解事情发生的原因，脑海中忽然想起前段时间参加的正面教育学习提到的核心要义是"要学会把犯错误当作学习的好时机"。因为每次犯错不仅加强了父母和孩子的关系，也让孩子有了经验，吃一堑长一智；惩罚虽然能为父母的愤怒和沮丧提供一个释放途径，但是一味地发泄愤怒和负面情绪，有意义的学习将很难发生。当孩子做错事的时候，不要先用情绪化的语言去训斥孩子，而是帮助他解决问题，或者告诉他有用信息，让孩子从错误中学习。于是我决定试试正面教育中提到的"共同解决问题的七个步骤"，打破沟通障碍，理解、鼓舞孩子，共同解决问题。

回到家里，我和孩子爸爸敲开了女儿的房门，我们一起坐在床上，我把女儿搂进怀里，诚恳地对她说："宝贝，我要向你道歉，刚刚妈妈态度不好，说了一些冲动的话，伤了你的心，希望你能原谅我。"我看她点了点头，于是继续说道："今天李老师给我发了信息，反馈你这周小提琴练习的效果很差，我见你每天在家也不练习，所以有点着急了。因为我觉得在李老师那里学习的知识如果在家不巩固的话，就白白浪费了时间和精力，你觉得呢？"

女儿抬头看了看我，说道："妈妈，能不能不要没收我的课外书？"

"妈妈承认没收课外书的决定是不明智的，我希望咱们能一起找到解决办法。你愿不愿意跟爸爸妈妈好好谈一谈？妈妈保证不发脾气。"

"你在爸爸心目中一直是一个自觉的小朋友，爸爸相信你并不是因为沉迷课外书而忽略练习。"孩子爸爸补充道。

"最近李老师要求的换把位练习太难了，我练不好，总是跟不上节奏。"只听女儿小声说道，"而且上了三年级后我都没有看课外书的时间了，我希望能有一点时间可以看书。"

我拉起女儿的手："对不起，宝贝，妈妈都不知道你已经开始练习换把位了，最近我和爸爸放在工作上的时间太多了，没有及时关心你的情

况。妈妈在面对工作中的困难时，有时候也会气馁，但是如果中途放弃了，就会前功尽弃。我记得你之前说过学校乐团有一个拉小提琴的小姐姐很厉害，你希望成为像她一样的小提琴手，现在你还以她为榜样吗？"

"是的，那位小姐姐是我们的首席小提琴手，她在三年级的时候已经学会了揉弦，很厉害的。"女儿充满羡慕地说道。

"那你愿意和爸爸妈妈一起攻克现在的难题，朝着乐团首席小提琴手的目标努力吗？"

"想啊！可是我连换把位都没有掌握，怎么办？"女儿可怜兮兮地说道。

"今天课堂上李老师有没有给你一些建议？"

"老师说我动作太犹豫了，所以就会一直跟不上节奏。可是我总担心自己按不准位置。"女儿有些沮丧，"如果有李老师在旁边帮我看着动作就好了。"

"或者我们可以把练习的视频发给李老师，请她帮忙纠正你技巧上的问题。"我建议道。

"那妈妈会陪我一起练习吗？"

"当然了，我们一起练习打卡，一起纠正动作，攻克难关。"我郑重承诺，"另外我有一个好主意，如果你可以完成每周的小提琴打卡计划，就可以在'时间银行'存入看课外书的时长，我们可以在每个周末兑现。"

"太棒了！如果我完成打卡，是不是周末看书的时间就由我自己支配了？"

"是的。"

"太棒了！妈妈，你帮我问问李老师能否录一段换把位的视频，我想再看看动作的要领。"

后来，我们一起制定了"小提琴打卡计划表"，每天我们会陪女儿一起完成小提琴的练习任务，每周把学习的难点和重点做一个标记，设定学习的目标，在完成每一个小目标后我们都会在打卡表上留下一个大大的标记，有时候是一个大大的赞，有时候是一朵红花，有时候是一个笑脸，同时在"时间银行"存入奖励时间。

周末，我们会给孩子留出一段自由分配的"阅读时光"，如果她愿意的话我们可以一起讨论书中的内容。

在了解到女儿是因为遇到了难题选择回避后，我们不再一味指责女儿，逼着女儿与困难硬碰硬，我们尝试把难题分解成一个个小问题，引导女儿思考解决问题的方法，然后一起去面对，去解决这一个个小问题。当看着问题一个个被攻克时，我们会及时给予认可和表扬，女儿也慢慢收获了自信。通过这件事，女儿也体验到了战胜困难的快乐，并获得了成就感。

姓　　名：郑苑　　　　　　单　　位：广东省外语艺术职业学院

共享"特别时光",摆脱"黏黏虫"

行为关键词:爱打扰他人,爱黏人

运用正面教育理念:

1. 孩子的首要目的是追求归属感和价值感。

2. 确保把爱的讯息传递给孩子。

运用正面教育工具:

1. 安排"特别时光"。

2. 致谢。

3. 拥抱。

行为分析

　　孩子上小学后,较多的课余时间花在学业上,相比幼儿园阶段,父母陪伴孩子的时间相对减少了。孩子可能因此感到安全感不足,产生较强的心理依赖,从而寻求过度关注。

　　简·尼尔森的"错误行为目的表"告诉我们,孩子寻求过度关注,反复打扰别人,是因为"唯有得到特殊关注或特别服务时,我才有归属感"。在黏人、打扰人的过程中,其实反映了孩子缺乏安全感、没有归属感的内心需求。

　　孩子上了小学，我暗暗庆幸，孩子终于长大了，我可以不用再像以前那样，下了班还要陪他玩游戏、读绘本。现在，他放学后有自己的学习任务，温习功课，做好预习，完成阅读打卡、运动打卡，时间安排得井井有条。利用这个时间，我可以在厨房做饭，在房间加班，偶尔提醒他一下学习进度，母子一起努力的画面真是太美好了！

　　可是，好景不长。一段时间后，我发现他在书桌前坐不住了，时不时就跑到厨房或房间来问我："妈妈，这个字怎么读？""妈妈，我的本子去哪里了？""妈妈，你快来看看我画的画！"……他变得非常黏人。一开始，我还能耐心回应，慢慢地，我越来越烦躁，有时候会说"等一下再看""你没看到妈妈正忙着吗？找你爸去吧！"。即便是回答，我也非常敷衍。

　　那天，我接到了一个紧急且重要的工作，下班回到家后，我就钻进房间继续工作。"妈妈，你来看！"孩子的声音又响起来了，我听在耳里，如同噪音一样。我"砰"地把房门关上。这下，孩子好像被激怒了，他推开门，生气地说："我叫了你这么多次，你没有听到吗？"那个瞬间，我觉得自己快要爆发了，但还是耐着性子解释道："妈妈正在工作。"他委屈地说："你们每次都是说工作……"只见他眼里含着泪水，转身回到书桌前，抹起眼泪来。

　　看着他小小的身影，我的心刺痛起来。孩子为什么会变得这么黏人？孩子的一切不当行为背后很可能都是为了寻求价值感和归属感。对照简·尼尔森的"错误行为目的表"，我知道了他的目的是寻求过度关注（操纵别人为自己奔忙或得到特殊服务），这种行为背后的心理需求是"唯有得到特别关注或特殊服务时，我才有归属感""唯有让你们围着我

团团转时，我才是最重要的"。在这种情形下，其实孩子想要表达的是：我没有安全感和归属感，如果你没有特别关注我，我就感觉不到自己的价值，感觉不到爱。

我想，可能是上小学以来，我对他的陪伴不足，陪伴的质量不高，导致他感觉被冷落了，因此找不到归属感和价值感。于是，他通过"黏人"来寻求关注。他希望自己被看见、被肯定、被认可。

意识到孩子行为背后的心理需求后，我放下手头的事情，走过去，蹲下来，给了他一个拥抱。

拥抱帮助我把爱的讯息传递给孩子。他的情绪稍稍平复下来。我说："宝贝，妈妈在备课，大概还需要40分钟才能结束，可是，在这个过程中，妈妈遇到了一个困难，需要一个小朋友的录音，你愿意帮我的忙吗？"他欣然答应。随后，我把需要录音的小故事和手机给他，告诉他如何操作。接下来的20分钟，他在一旁反复朗读故事，并且录制音频。我在房间里继续工作。20分钟后，他提供了一个流畅的故事音频，我则完成了自己的任务。我再次拥抱他，感谢他："谢谢你的帮忙，让我能够快速又完美地完成我的工作，大大缩短了我的工作时间。"他高兴地笑了。创造机会，让孩子贡献自己的价值，给孩子带来了成就感和归属感。这样做，孩子的行为会更加偏于正向，而不是带给别人困扰。

寻找机会让孩子体会到参与感或价值感，这是一种积极的做法。同时，对于寻求过度关注的孩子，家长还需要用高质量的陪伴满足孩子。父母的时间有限，如何能够在有限的时间里，高质量地陪伴孩子呢？正面教育家庭工具卡中的"特别时光"给出了一个非常有效的办法。"特别时光"是提前约定的专门为孩子留下来的、有规律的具体时间。当父母把一件事情提前约定、赋予仪式感之后，孩子会觉得这件事情受到了重视，从中发现自己的价值。

和孩子商量后，我们决定选择我工作较少、他功课较少的周二晚上8：30—9：00，以及周五晚上8：30—9：00作为"特别时光"。至于如何度过这个"特别时光"，我们通过头脑风暴，选择了彼此都很喜欢、能获得快乐的方式：周二晚上打扑克牌，周五晚上看电影。

有了"特别时光"后，孩子比以前更容易接受我因为忙碌而暂时没有时间陪伴他的事实。我邀请他给我们的"特别时光"取个名字，赋予更多的意义，使其更有仪式感。他给每周二的"特别时光"取名为"快乐时间"，每到周二，我放下手机，和他一起打牌，欢乐的笑声弥补了因平时缺乏陪伴导致孩子的归属感不足的问题。周五晚上是"家庭影院"时间，我们提早选好影片，准备好零食，一边吃零食，一边看电影，讨论电影里的情节。在这样的"特别时光"里，我们相处得特别融洽，这成了每周我们最期待的时间。如果某一天因为特殊原因，"特别时光"没有办法实现，我会诚恳地把理由告诉他，并且约定弥补的时间和方法。

实施效果

通过"特别时光"，孩子能够感受到"父母愿意用心陪伴我"，他的归属感和安全感会逐渐回归。他不需要再用"打扰别人""黏人"的方式来引起我们的关注，因为他知道父母会有专属的时间陪自己。

父母的陪伴是孩子获得安全感、归属感和价值感的关键。通过"特别时光"，我们给予孩子充足的安全感和归属感。

作　者　信　息

姓　　名：詹丽娜　　　　　　单　　位：广州市天河区吉山小学

孩子撒谎，我这样做

行为关键词： 自尊心强、撒谎

运用正面教育理念：

1. 接受不完美，犯错误是学习的好时机。

2. 花时间训练，小步前进。

3. 孩子感觉好的时候，表现才会好。

运用正面教育工具：

1. 反射式倾听。

2. 认可感受。

3. 启发式提问。

行为分析

　　一年级的小学生刚步入小学校园，会因年龄、适应能力、身心发展的不同而出现认知水平、学习能力等方面的差异。集体生活难免会与周围同学进行比较，孩子在面对与同学的差距、自己的不足时，容易引发失落、自卑的情绪，甚至会有发脾气的行为。此时，需要大人尊重孩子的内心感受，同时引导孩子正确看待自己的不足，合理应对自己的错误，接纳自己的不完美，学会从错误中成长进步，小步前进。

　　小牛是我的小儿子，因为是8月下旬出生的孩子，是班上最小的小朋友，所以孩子的认知水平、学习能力可能会比同班的孩子弱一点，接受知识会慢一点，这些我在孩子刚上小学时就已经做过思想准备，事实证明的确如此。然而孩子却不认为自己比别人差，有很强的自尊心，有时不能获得预期的效果或看到跟同学明显的差距，会失落、自卑，甚至发脾气。

　　一天下午我去接孩子放学，孩子走出校门，刚跟我打完招呼，就满脸不开心地径直往前走，小脸红红的。我追上去问："小牛，今天是不是发生了不开心的事？"儿子继续低着头往前走，沉默不语。孩子的表达能力不够强，我希望能尽快了解孩子不开心的原因，所以不断启发孩子说出到底发生了什么事情。

　　我拉住他的手，蹲下身问："妈妈很担心你，可以告诉我发生了什么事吗？"孩子停下脚步，失落地说："我没有领到棒棒糖。"我用"反射式倾听"重复着孩子的回应："老师没有发给你棒棒糖，所以你感觉很不开心，是吗？"儿子点点头。

　　我继续引导孩子说下去："老师为什么没发给你棒棒糖呀？"儿子小声嘀咕道："刘老师奖励棒棒糖的时候，发到我就没有了。"我继续反问："妈妈知道了，是不是因为棒棒糖不够了，所以刘老师没有发给你呀？"

　　原来今天数学课上进行了计算比赛，全对的孩子会被奖励一张"数学之星"的表扬信和一根棒棒糖，放学前刘老师在班级群里发了本次"计算之星"的合影，还有一段鼓励的话，小牛的名字没在"计算之星"的名单之中，看来孩子计算比赛没有全对。

　　我跟孩子确认："是不是因为你数学比赛没有全对呢？"儿子一脸委屈，哭出声来："我也是全对的，只是发到我的时候棒棒糖刚好没有

了。"我知道他没说真话，但我没有拆穿孩子，而是边给他擦眼泪，边稳定他的情绪："那么多同学拿到了棒棒糖奖励，如果是我，早就羡慕得流口水了，所以你没有拿到棒棒糖特别难过，妈妈非常理解你的心情。"说完，我把儿子搂入怀中，轻轻抚摸他的后背。

觉察到孩子在我的安抚下渐渐平静下来，我停止了追问这个话题，而是继续关注孩子的感受："现在有没有感觉好一点了呢？"儿子抽抽搭搭地吸溜着鼻子，没有说话。"小牛，没有拿到棒棒糖没关系的，要不我们现在去超市买一根大大的棒棒糖补上？"我边比画着边夸张地说道："最近几次课堂练习，你只做错一两道题目，已经比以前进步非常大了。我们不跟别人比，只跟自己比，只要你一天一点进步，越来越努力，越来越细心，妈妈相信你一定会越来越棒的。"儿子听完，明显开心了一点，认真地说道："妈妈，不用买棒棒糖了。"

我继续拉着他的手，边往家走边说："小牛，你知道吗，最近很多老师都跟妈妈表扬你进步了，你的语文生字书写更工整了，数学计算出错变少了，英语发音也越来越标准了。妈妈真为你高兴！"儿子被我鼓励的话语感染了，脸上浮现出骄傲的笑容。

当我们快到家的时候，孩子心情已经非常平静和放松了。突然，他跟我说："妈妈，其实我计算没有全对。"听他说完，我如释重负，他终于勇敢地迈出了第一步，我引导孩子从错误中成长进步："没关系的，犯错误是学习的好时机。等回到家，妈妈和你一起订正，找找出错的原因，争取下次不再犯同样的错误，再细心一点，相信你也可以全对的。"

听完我的话，儿子停下脚步，一脸认真地看着我说："妈妈，对不起，刚刚我说谎了。"我连忙说道："你主动跟妈妈承认错误，这点特别好，以后我们实事求是，做敢作敢当的男子汉！"为了让孩子能正确地面对"错误"，我继续启发孩子思考："可以告诉妈妈，为什么要说谎吗？"儿子一脸不好意思地说："因为我真的很想全对。妈妈，我说谎了，您没有批评我，反而还安慰我。我错了，我是不是个坏孩子？"孩子的自尊心很强，希望追求完美，无论是在学习方面，还是在为人处世上，他都很在意别人的评价，我赶紧解释道："不是的，你当然不是坏孩子。因为你特别想全对，特别想做好，妈妈理解你。我们以后实事求是，勇敢面对自己的不足，接受自己的不完美，好吗？"儿子点点头，继续开心地拉着我的手往家里走去。

晚饭后，我和儿子一起分析了计算题目，原来一道有难度的题目难住了他，因为平时上课时怕被同学们笑话，不好意思问老师，做题时模棱两可导致出错了。我启发孩子自己解决问题："下次再遇到不会的题目，可以怎么解决呢？"儿子回答道："下课时请教老师，或者问同学。""不怕被大家笑你做错了、不会做吗？""不怕，因为错了才要学嘛！"儿子一脸认真地回答。

不怕犯错误，因为犯错误是学习的好时机！

实施效果

自尊心过强的孩子，往往是怕犯错的孩子。作为家长，我们的目光是有力量的，关注到哪里，哪里就能生长。当我们的目光关注到孩子的错误，孩子就会害怕犯错；当我们关注到引导孩子正确面对错误，接受不完美，犯错误是学习的好时机，此时孩子就会从错误中进步，孩子的感觉才会更好，相应地表现才会更好。

作者信息

姓　　名：代蕙宁　　　　　　单　　位：广东省城市技师学院

先苦后甜，感觉更甜
——自律养成记

行为关键词： 自律能力差

运用正面教育理念：

1. 关注问题的解决，而非让孩子付出代价。

2. 接受不完美，犯错误是学习的好时机。

3. 孩子感觉好的时候，表现才会好。

运用正面教育工具：

1. 积极的暂停。

2. 赢得孩子合作的四个步骤：表达出对孩子感受的理解；表达出对孩子的同情，而不是宽恕；告诉孩子你的感受；让孩子关注于问题的解决。

3. 鼓励。

行为分析

　　小学低年段的学生自觉性较弱，自控力不强，还不能有效地调节和控制自己的日常行为，无论是生活还是学习，都需要家长的具体指导。但是，此阶段是培养习惯的关键期，孩子可塑性强，家长要抓住这个关键期引导孩子学会安排时间、管理时间，培养孩子逐渐养成独立、自觉的好习惯。

　　下班回到家，我没有看到儿子的身影，问了孩子爷爷才知道，这小子没有完成功课就跑到楼下玩耍。我顿时火冒三丈，打电话给儿子，他的电话手表却忘在了家里。

　　正想要下楼找他的时候，儿子回家了。我生气地质问道："你怎么没完成作业就去玩呢？你太不自觉了，昨天不是说好了吗？一言既出，驷马难追……"

　　他被我连珠炮的责骂吓得心惊胆战，从嘴巴里吞吞吐吐地挤出几个字："今天……作业……很少。"

　　这话简直是火上浇油，我勃然大怒："作业少就可以不守规则了吗？学习是自己的事情，你应该自觉一点啊！明天你再这样，就不要吃晚饭了。"

　　儿子双眼通红，双手握拳，沉默不语，泪水夺眶而出。

　　看见他生闷气又十分委屈的样子，我的怒火被他的泪水浇灭了，难过、愧疚之感顿时涌上心头。

　　调整好状态的我意识到，儿子的情绪比较激动，此时和他讲道理根本没有任何意义，"积极的暂停"才是王道。我决定先让他缓一缓，等待他的"理智脑"恢复工作。于是，我抽了几张纸巾，帮儿子擦去眼泪，并给了他一个大大的拥抱。接着，我给他倒来一杯温开水，坐在旁边静静地陪着他。

　　坐在儿子身旁，我真后悔刚刚说了那么多不该说的话。正面教育的其中一条基本理论是"关注问题的解决，而非让孩子付出代价"。我该怎么引导他放学后自觉做完作业再去玩呢？看到中午吃剩的苦瓜和桌上切好的

西瓜，我心生一计。

过了好一会儿，儿子的情绪平复了许多。我提议："咱们来做个味觉小实验吧！"儿子点点头答应了。我先用牙签扎了一小块苦瓜给儿子尝一尝，并问他："什么味道？"

儿子说："有点苦。"

接着我递给儿子一小块西瓜，再问他："尝一下是什么味道？"

儿子回答："很甜。"

我再次让儿子吃一口苦瓜，依旧问他什么味道。

儿子皱着眉头回答："感觉比刚才更苦了。"

于是，我问儿子："你从中有什么启发吗？"

儿子想了一下，耸了耸肩，摇摇头回答："不知道。"

我语重心长地说："妈妈想告诉你，先甜后苦，感觉更苦；先苦后甜，感觉更甜。作业和玩耍也是这个道理。"

儿子这时候突然开窍，兴奋地说："哦！妈妈，我明白了，先做完作业再去玩，就会玩得更开心。玩完了再来做作业，就会觉得做作业很苦。对不对？"

想不到儿子竟然能有这个觉悟，我欣喜地看着他并点了点头。

犯错误是学习的好时机，我希望儿子能从错误中懂得每天的作业要自觉完成的道理。于是，我决定用"赢得孩子合作的四个步骤"来跟儿子沟通。

我真诚地跟他说："很抱歉，妈妈刚才冲你大声吼的时候，看到你哭得很伤心，妈妈也挺难受的。我理解你急着和同学一起玩的心情。但是我发现你没有完成作业就去玩，会很着急。因为我担心你玩得太晚太累，从而影响你做作业的时间和质量。关于自觉做作业这件事，你有什么好的办法吗？"

儿子说："妈妈，先苦后甜感觉更甜，我以后一定先做完作业再去玩。"

我微笑着说："儿子，你学习能力真强。我相信你可以做到。为了让你做得更好，我们一起头脑风暴，想一想怎么做可以帮助你养成自觉做作业的好习惯吧！"

图1 自律打卡器

经过头脑风暴，我们想到了借助自律打卡器（图1）来帮忙，把每天需要完成的任务写到自律打卡器上，每做完一项任务就在自律打卡器上为自己打"√"。

同时，为了提高做作业的效率，让儿子赢得更多玩耍时间，我还提议借助计时器来帮忙。每开始一项作业前，儿子先预估完成此项作业所需的时间，然后用计时器进行倒计时。达成共识后，我立马网购了自律打卡器和计时器。

当孩子感觉好的时候，表现才会好。所以，我坚持每天给儿子一个拥抱，并对他的行为进行正面的反馈和评价，让孩子保持好的感觉。当我下班回到家看到自律打卡器上的任务完成情况都是"√"的时候，我会跟儿子说："我看到你把任务都完成了，谢谢你，给疲惫的我带来了好心情，我相信你能每天坚持。"有时候，下班回到家看到自律打卡器上有项目显示"×"，我会先询问儿子原因。一般都是遇到困难，儿子才没能按时完成。我就会在晚饭后协助他完成。

孩子需要鼓励，就像植物需要水一样，为了给儿子鼓励，我还特意买了一个小小的留言板（图2），放在他书桌的左上角。每天上班前我都会在他的留言板上留下一句鼓励的话，"自觉，进步之母，加油！""坚持就是胜

图2 留言板和计时器

117

利！""自律的孩子最可爱"……我觉得每天给儿子留一句鼓励话语非常有效，能大大增强他克服困难的勇气。

实施效果

自律是一个人走向成功的必备品质，值得每一位家长用心思考和培养。好习惯的培养不是一蹴而就的，小步前进，一天一点进步就可以了。我们按照约定去做，发现儿子一天比一天有进步，做作业的主动性和积极性大大提高了。他也逐渐学会了自主安排时间、管理时间，在这个过程中初步培养了自觉学习的好习惯。当然，由于他年龄小，行为习惯仍不是很稳定，过程中也会出现一些小反复，需要做一些调整。总体而言，儿子还是非常棒的。这让我对正面教育有了更多的信心，也让我有了更大的决心一直践行正面教育。愿我们都能在正面教育的这条路上收获美好和快乐！

作 者 信 息

姓　　名：戴桂金　　　　　　单　　位：广州市天河区新元小学

家庭会议，让我和儿子的关系开始变好

行为关键词：爱顶嘴，不做作业

运用正面教育理念：

1. 尊重与平等、和善与坚定并行，不娇纵不惩罚。

2. 关注问题的解决，而非让孩子付出代价。

运用正面教育工具：

1. 建立感情连接。

2. 召开家庭会议。

3. 安排"特别时光"。

　　7—9岁是孩子的第二个叛逆期，这个阶段的孩子已经步入小学，平时爱和父母顶嘴、争对错，他们的口头禅由"为什么？"变成了"凭什么！"。他们做事情喜欢找理由，做错事还善于找各种借口。父母和孩子的争吵与对抗就像矛遇上盾，容易引发激烈冲突。

　　正面教育是解决矛与盾问题的一剂良方，采用正面的方法，先着眼于与孩子建立良好的亲子关系，再进行教育引导。通过了解孩子的心理发展规律，找出孩子不当行为背后的真正原因，有助于理解孩子的种种行为表

现，帮助孩子顺利度过叛逆期，实现父母与孩子的双赢。

时钟已指向晚上九点，我拖着疲惫的身体回到家。

当我一如既往来到书房检查儿子的作业时，竟然发现作业本上字迹潦草，完全不像他平日所写，而且还有一半是空白的！

不顾一天的疲惫，我直奔儿子的房间，大声呵斥："看看你写的作业。现在，马上起来，做完再睡！"

在刺眼的灯光和我的呵斥下，儿子很不耐烦："赶紧关灯，太亮了。"

"睡什么睡，看看你的作业！"我越来越生气。

儿子"哇"的一声哭了，扯着脖子反驳："天天就知道叫我做作业，你的眼里只有作业吗？"

孩子爸爸闻声赶来，撞在枪口上，我迁怒道："为什么不去管管儿子的作业，明明知道我最近加班，能不能主动一点？"

孩子爸爸看了看我俩，劝道："你和孩子都先冷静一下吧！发脾气是解决不了问题的。"

孩子爸爸的话提醒了我，我确实需要冷静。最近一段时间，我发现儿子好像越来越不听话了，我说什么他都要顶一嘴，现在还上升到行动上，竟然开始不做作业了！我是一位老师，也是一个母亲，此时的挫败感太强了……我不禁深深地反思：作为一位老师，面对班里的孩子，我可以用正面教育理念耐心分析，找到解决的办法。作为一个妈妈，我更应该学以致用，教育好自己的孩子。刚才，我选择了用怒火来"镇压"孩子的叛逆，最终变成"非暴力不合作"的亲子沟通模式。

问题就是挑战，面对儿子的顶嘴和不做作业的问题，我决定和孩子爸爸先建立统一战线。我们先进行了冷静的分析和讨论，反省了我们自身存在的问题。孩子爸爸工作忙碌、强度大，每晚回到家孩子都快睡觉了，他确实很少花时间在孩子的学习上。而我最近总是加班，确实冷落了孩子，导致儿子觉得妈妈的眼里只有作业。儿子的顶嘴与不满背后很可能都是为了寻求价值感与归属感。事已至此，我决定先和孩子修复关系、建立连接。

　　第二天晚饭后，我带儿子出去散步，坐下休息时，我看着孩子的眼睛："儿子，妈妈要跟你道歉，妈妈最近太忙了，没有好好辅导你，还批评指责你。你可以原谅妈妈吗？"

　　儿子愣了一下，睁大眼睛看着我，然后他笑了，大方说没关系，还自豪地表示他大部分作业都会做。

　　顺着这个话题，我们聊起那天晚上作业完成的情况，儿子激动反驳："都是因为弟弟，他老是拉着我一起玩，害得我没做完作业。"

　　"哦，原来如此，妈妈错怪你了，对不起，妈妈太冲动了。"

　　"凭什么弟弟就不用做作业，我就每天都要做？"儿子小声嘀咕起来，我却听得清清楚楚。

　　儿子一天天长大了，小脑袋里的想法也越来越多。为了建立良好的亲子关系，了解儿子更多的想法，我想到了正面教育的工具——家庭会议。

　　"儿子，我们家要召开家庭会议了，请你通知爸爸和弟弟今晚八点在客厅集合。""收到，保证执行。"儿子笑嘻嘻地应道，感觉很新鲜。会议准时开始了，我首先致谢，感谢大家准时参加。接着每个人也表达了自己的感谢，氛围非常融洽愉悦。

　　接下来，我表示最近学校工作忙碌忽略了对兄弟俩的关心，向儿子表达了我真实的感受和对他俩的爱。

　　孩子爸爸也发话了，表明自己以后尽量少加班，回到家后要多陪伴

孩子。

我还提议接下来一起商议周末的安排，家里每个人都可以发表意见和看法。最后，我们一致商定，周末前，大家都要先努力完成自己的工作任务或学习任务，然后去孩子们最爱的一个室外游乐场游玩。

第一次充满诚意的家庭会议，让儿子显得很兴奋。接下来的日子，我们几乎每周都召开简短的家庭会议：一家四口围坐在一起，回顾以往的快乐时光，商量周末的美食之约，制订暑假出游计划……儿子说他感觉很自豪，因为他能参与到很多家庭事务中，他感觉自己长大了。兴奋之时，还抱着我脱口而出："嗯，你是世界上最好的妈妈。"短短的一句话让身为母亲的我感动万分。

好的关系才有好的教育。慢慢地，我发现儿子对学习和作业的态度也明显有了变化，他不再故意拖拉不做作业，还很愿意主动跟我汇报他的学习成果。每次，我都马上回应他，肯定他的努力。当孩子感觉好的时候，表现才会好。为了让儿子的好习惯持续下去，也为了让亲子关系更融洽。有时周末的时候，我还特意带他一个人出去散步，告诉他，这是属于我们两个人的"特别时光"，在这个"特别时光"里，我不带弟弟，专心陪伴他。我会和他一起反思我最近哪里做得好、哪里做得不好，我要努力争做好妈妈。他也反思自己的表现，并表示要努力做一个好儿子，做弟弟的榜样。

实施效果

　　明白了儿子的顶嘴行为也是孩子成长的表现，他开始有自己的想法，希望父母多关注他，和他好好沟通，而不是被暴力地命令，我更注重和儿子的沟通了。沟通从建立关系开始，平等尊重的氛围更容易让儿子打开心扉，少和我们唱反调、顶嘴。

　　家庭会议的召开让我们敞开心扉，平等沟通；作业清单帮助我了解儿子完成作业的情况，并能及时鼓励帮助他；在"特别时光"里，孩子与我的连接越来越紧密。在生活中，很多孩子都会和父母顶嘴，以表达不满，甚至不愿意和父母进一步沟通。作为家长，我们需要冷静对待，了解孩子行为背后的需求，用"和善而坚定"的教育理念重塑良好的亲子关系，建立沟通的桥梁，以便更好地教育孩子。

作 者 信 息

姓　　名：吴素芬　　　　　　单　　位：广州市天河区沐陂小学

让孩子做情绪的主人

行为关键词：情绪多变，不能管理情绪，易怒

运用正面教育理念：

1. 孩子的首要目的是追求归属感和价值感。

2. 接受不完美，犯错误是学习的好时机。

3. 孩子感觉好的时候，表现才会好。

运用正面教育工具：

1. 积极的暂停。

2. 关注于解决问题的"3R1H"：相关、尊重、合理、有帮助。

行为分析

　　三年级的孩子正处于小学阶段里由低年级到高年级的过渡时期，他们的情绪有时会失控。这种行为可能是因为孩子在日常生活中缺乏自我认同和安全感，导致无法有效地控制自己的情绪和行为。在情绪失控的时候，孩子可能会表现出愤怒、沮丧、焦虑等负面情绪，或大喊大叫、打人、摔东西等不当行为。

　　通过正面教育理念分析，孩子的所有行为都是内在需求的表达，每个不当行为的背后都可能隐藏着一个未被满足的需求。家长和教育者应该通过倾听孩子的声音，理解他们的内在需求，并建立良好的情感关系，给予孩子积极的支持和赞扬来满足他们的需要。

情景案例

自从升上三年级以来，孩子的情绪波动很大，口头言语上的冲突常常会因孩子的情绪化瞬间转变为肢体碰撞，我每次都很焦虑，担心孩子的这种行为会伤害到自己，也担心给其他同学带来困扰，甚至因此在学校被指责、孤立。我和孩子爸爸沟通后决定，下次孩子再有这种情绪激动的时候，尝试用正面教育的方法进行引导。

不到两天，这样的机会就出现了。周日早上，我们要一起去爬山，孩子在准备出门时换上了新买的白鞋，爸爸提醒他："那座山比较陡也很难爬，你穿小白鞋会很容易弄脏哟。"孩子有点不耐烦："我就喜欢穿这个鞋子！"我见孩子爸爸委婉劝说没起到作用，就再次提醒："但是这个鞋子有点滑，容易摔跤。"孩子一听立马控制不住情绪："哎呀！我都说了我就是喜欢这双鞋子，不要你们管！"孩子一边说一边激烈地晃动身体以示不满，甚至开始踢面前的墙壁。"你再这样……"话刚说一半，爸爸扯了扯我的衣袖，眼神示意我这正是一次引导的好机会。

我也很快反应了过来，想了想现在该做的第一步，应该是"积极的暂停"，如果家长和孩子中有任何一个人心绪烦躁，则不能良好沟通。我和孩子爸爸都没有再说话，只是心平气和地看着他。孩子起初还在蹦跳，见我们都不说话才慢慢转为噘嘴，我走过去摸摸他的头，轻声问："孩子，还要多一点时间冷静吗？"孩子没有说话，仍高傲地仰着头。我意识到现在还需要给他冷静的时间，就接着说："没关系，我们再继续冷静一会儿。"过了一段时间，孩子的情绪已经平稳了许多，我在开口前大脑飞速回顾了一下正面教育关注于"解决问题的3R1H"的内容，其实刚刚和孩

子正处于一个对立面的关系，我决定先和孩子修复关系、建立连接。

"我记得这双鞋是我们前几天一起去逛商场时买的，是吗？当时你一眼就看上了，抱着它说很好看。"孩子立马回答："是啊，妈妈，所以我今天才那么想穿它出门。"我笑了笑，说："宝贝，虽然这双鞋子很漂亮，而且非常新，但是不适合去爬山。""为什么？我会在爬山的时候小心一点，尽量不弄脏它的。"孩子还是坚持着，但语气已经平和了许多。

"无论你是否小心，爬山的时候难免会踩到泥土、石头等，鞋子会变脏或者被刮破。而且，我们以前每次爬山是不是都穿耐磨、防滑的鞋子？因为这样才更加安全。"我见孩子开始思考，就继续补充道："宝贝，我们不是不让你穿这双新鞋子，只是觉得这双鞋子不适合爬山。如果你今天很想穿这双新鞋子出门，那我们现在可以先穿着它去楼下散步，一会再上楼换合适的鞋去爬山。你觉得呢？"

"妈妈，那我现在就换上别的鞋子吧，虽然我很喜欢这双鞋，但是我也想快点去爬山，我可以晚上再穿这双鞋去散步的。"听到这里，我和孩子爸爸同时给孩子竖起了大拇指。

晚上睡觉前，孩子还沉浸在今天愉悦的爬山过程中，我躺在儿子身边半搂着他，和他一起回顾今天早上出门前的事情："宝贝，你看，原来在遇到一些矛盾冲突时，我们平静地沟通交流会更快地解决问题。相反，如果今天早上我们都很急躁冲动，是不是还要花很多时间处理完这个问题才能出门去玩啊？""嗯，而且可能后面爬山的时候也没有那么开心了。妈妈，我知道了，下次再遇到其他容易导致冲突的事情时，我也会像今天早上那样独自冷静一下后再和别人好好沟通，这样就能很快解决问题了，大家也可以更愉快地相处。""嗯，妈妈相信你，快睡吧！"听到孩子说出这样的话，我欣慰地点点头。

后来的一个星期里，虽然仍然有类似情绪失控的事情发生，但是孩子已经能在第一时间独自远离"战场"，努力冷静下来，也没有再和小伙伴动手打架，减少了很多不必要的肢体冲突。如果在家的话，孩子能更快冷静下来，因为我们一出示"暂停"的手势，他就能意识到，现在大家都需要进入"积极的暂停"时间。

实施效果

其实孩子升上三年级后，正处于一个心理波动较大的时期，他的情绪里蕴含了很多能量，也有更多自己的想法，需要大人们积极正面地引导，尤其需要爱的提醒，让他能感受到安全。

孩子老师有一天联系我，说在班上开展"表达情绪"这一主题班会时，儿子主动举手发言，承认自己有一次太冲动打了自己的朋友，他一直觉得很愧疚，如果重来一次，他一定不会那么冲动。听到孩子主动说出这些，我想他一定是把自己之前情绪激动的事情细细回顾反思了一遍。后来，孩子情绪失控的事情的确是越来越少发生了，即使与同学发生矛盾，也能做到"积极的暂停"，尽快冷静下来，再通过平静沟通的方式和对方一起积极解决问题。

作者信息

姓　　名：杨凌霄家长　　　　单　　位：广州市天河区奥体东小学

情绪是能量，我们可以转化它

行为关键词：情绪失控，发怒

运用正面教育理念：

1. 接受不完美，犯错误是学习的好时机。

2. 孩子感觉好的时候，表现才会好。

运用正面教育工具：

1. 积极的暂停。

2. 矫正错误的"三R"：承认—和好—解决。

3. 花时间训练，小步前进。

行为分析

作为一个刚进入小学的孩子，自我认可感是不可或缺的。如果得不到自己想要的东西，或对一种情形感到无能为力时，他们就会用发脾气等方式表达自己的情绪。

正面教育告诉我们：愤怒可能是对伤心的一种掩饰。发怒的孩子，有可能是对自己的父母、其他孩子、自己的生活，或对他们发怒的其他人感到沮丧。如果孩子没有得到他认为的自我认可感，也对此感到无能为力时，就很容易情绪失控，甚至发怒。只有孩子感觉好的时候，他的表现才会好。

情景案例

　　放学回家的路上，叽叽喳喳的儿子一改以往风格，变得"低气压"，一声不吭。我问他"怎么回事啦？"，他嘴巴噘起，倔强地转过头去，然后开始用手擦眼泪。这时，我想到正面教育中的解决方案，遇到爱发脾气或者好斗的孩子，首先要认可孩子的感受，等待孩子的回应，并有兴趣地倾听。我再次询问："怎么啦？我感觉你很生气。感到生气没关系，但你能告诉妈妈吗？你在生谁的气或什么事情让你生气呢？"

　　儿子一边哭，一边控诉："我这次的语文小测，考得一点都不好，本来都会的，但不够时间完成。都怪语文老师，一点都不讲道理，明明知道我迟到了，还要按时收卷，如果能再晚一点，我就都可以做完了。我不喜欢那个语文老师了。"他接着说："我太生气了，同学们经常在体育课上嘲笑我跑不快，所以我都不想上体育课。"

　　儿子的问题真不少呀！但我感到很庆幸，他能把情绪失控的起因和结果都说给我听，说明对我这个妈妈还是很信任的。我没有马上回复他，脑海中冒出正面教育工具中的"积极的暂停"。"暂停"的目的是要给孩子一个短暂的间歇机会，等到他们感受好起来之后再尝试解决问题，"暂停"对孩子来说就是鼓励性的。鼓励性的暂停提供了一个帮助孩子"感觉"好起来的冷静期，因为只有这样才能激励孩子做得更好。

　　等到晚上，我先向老师了解孩子下午的情况。等给孩子检查作业时，我借机问道："下午的小测练习，我也看过了，如果有足够的时间，你不至于做不完呀？为什么会没时间呢？"

　　他不好意思地说："下午回学校的时候，跟同学去买零食了，回教室就迟到了。"

从"矫正错误的'三R'"的角度看，孩子已经开始认识到自己的错误，知道从自己的角度进行反思，这是个好的开始。

我继续问道："原来是这样！你花时间品尝了美食，所以少了时间做卷子，那还能责怪语文老师吗？"他听完摇了摇头。

孩子爸爸听到我们的对话后，在旁边搭了一句："那我觉得，你应该跟语文老师道歉！练习任务的难度是一样的，而你因为没完成卷子，乱发脾气，不去上课，耽误语文老师的工作，你认为这种行为正确吗？每个人都有情绪，但我们不能被情绪控制，我们需要将这个充满负能量的情绪进行转化，要做情绪的主人，而不是奴隶。"孩子爸爸想借此引导儿子向老师道歉。

儿子不太理解地问："什么是情绪失控？"

孩子爸爸继续回答："就像你说的，因为语文小测不过关，你太生气，想到同学们取笑你跑不快而不去上体育课，这些都属于情绪失控！你被情绪控制了。"

"哦，好像确实是这样。"儿子若有所思地说。

根据"矫正错误的'三R'"的第三步，我们要引导孩子共同解决问题。我把手搭在他的肩膀上问道："你知道怎么转化这种强烈的情绪吗？"

他看着我，不解地说："是强忍着？不生气？"

我摇了摇头："不是的，如果长期压抑情绪，忽视情绪，排斥情绪，总有一天情绪还是会爆发。即使不爆发，也会对身体造成很大的伤害。所以当情绪来的时候，我们应该去觉察它、感受它，让它自然转化。情绪的管理需要不停地学习和练习，当你刻意去练习控制它时，它便会随你的意愿转化，为你所用。所以，你现在知道要怎么转化你生气的情绪了吗？"

儿子沉思了一会："我跟语文老师说，我很生气，我需要冷静；我还要跟体育老师说，同学们之前有取笑我的行为，我暂时不去上体育课了。"

孩子爸爸听后，觉得这一小步，还可以走得更具体些："我建议你可以这样做，先跟语文老师解释清楚为什么不够时间完成小测，询问她能否给予机会弥补错误。如果老师允许，那就下了课后再去找语文老师；如果老师不允许，那就吸取教训，下次准时回到学校参加小测练习。再者，生气的情绪是需要转化，而不是迁移。同学取笑你的行为，你认为是否属实？你跑步快吗？确实不怎么样。要想别人不取笑你，你是不是应该加强锻炼呢？跑步快一点，同学们就不会以此来取笑你了呀！"

儿子很认真地听着爸爸的话，似乎都听进去了。

其实，儿子能有自己的想法解决问题，我认为已经很不错了。正面教育中有个说法："成功之路最好是每次走一小步。如果设立的目标太高，可能永远都无法开始，或者会因为没有很快取得成功而气馁。如果你不停地每次迈出一小步，你就会一直向前，并且孩子与家长都会从中受益。"

第二天，回到学校后，儿子主动找语文老师和体育老师道歉并做了解释。语文老师还给他一次弥补错误的机会，允许重新做小测练习。果然，儿子不负众望，小测得到满分，孩子的自我认可感瞬间暴增。他还开心地说，体育老师赠予他跑步秘籍，能帮助他跑得更快。

实施效果

儿子知道情绪需要控制和转化后，当他再次因贪吃迟到，导致同样的"小测事件"发生，他没有再情绪失控，而是选择冷静面对，尽自己所能完成，虽然结果是小测不过关，但他没有抱怨和生气，而是把错误的知识点重新复习，争取下一次的小测能获得更好的成绩。这时的我，深刻认识到，没有人是完美的，所以我们都应该学习接受不完美，犯错误是好的学习时机。

　　同样地，因为那天获得体育老师赠予的跑步秘籍，他每天放学后都在小区里进行跑步锻炼。在体育课上，面对其他同学的取笑，他没有苦恼和发脾气，而是选择先冷静，然后说，要不要比一场。最终结果是他用实力碾压对方，让对方输得心服口服。的确，只有前期的准备足够充分，孩子感觉足够好的时候，他的表现才会好。

　　其实，每个孩子在情绪失控的时候，都是有原因的，而对孩子的情绪状态，家长首先要接纳，然后帮助孩子转化情绪，将情绪的负面能量转化为正面能量，帮助孩子前进和成长。

作 者 信 息

姓　　名：罗婉婷　　　　　　单　　位：广州市天河区吉山小学

10—12岁

家庭正面教育

零食风波

行为关键词：说谎

运用正面教育理念：

1. 纠正行为之前先建立连接。

2. 确保把爱的讯息传递给孩子。

3. 尊重与平等、和善与坚定并行，不娇纵不惩罚。

4. 关注问题的解决，而非让孩子付出代价。

运用正面教育工具：

1. 积极的暂停，情绪诚实。

2. 赢得孩子合作的四个步骤：表达出对孩子感受的理解；表达出对孩子的同情，而不是宽恕；告诉孩子你的感受；让孩子关注于问题的解决。

行为分析

　　从儿童期步入前青春期的孩子，开始会有说谎的行为，这是很多家长都经历过的。说谎包括夸大、否认和隐瞒等，这代表着孩子的自我意识与外界的行为规范产生了冲突，因此必须用谎言来保护自己。同时，他们的内心开始变得强大起来了，所以尝试用说谎来逃避现实中可能出现的一些负面后果。

有的家长可能会觉得，说谎和品德有莫大关系，不诚实的孩子就不是好孩子。事实上，家长需要关注的并不仅仅是说谎这件事，而更应该关注孩子说谎这种错误行为背后的真正目的，是需要关注、渴望权力、盲目报复，或者自暴自弃？我们家长更需要深入了解孩子的内心，去解密他们的行为，从而去拥抱那颗受挫的心。

情景案例

美好的一天还没有开启，女儿就和外婆吵起架了。听到声音，我立刻从床上弹了起来，走出房间一看，一老一小两个人剑拔弩张地站在客厅，外婆穿着围裙怒气冲冲地叉着腰，女儿披头散发、梨花带雨地僵在原地，周围的空气好像凝固了一样，让人不知道从哪里问起。

外婆忍不住开始唠叨："这么小就开始说谎了，长大后可怎么办？"女儿听了突然爆发，一边大哭一边喊着："我没有，我就是没有，你冤枉我，总是不相信我，我恨你！"

我安抚好女儿的情绪，也了解了事情的经过。外婆一早打扫卫生的时候，从女儿房间的垃圾桶翻出了好几包辣条的包装袋和几个雪糕棍，就批评了孩子，说她自作主张拿零花钱去小卖部买这些不健康的食品……越说越上火，还连带把平时一些看不惯的行为都统统数落了一遍。然而，孩子否认是自己买的，辩解道"都是同学送的"，"不知道是谁吃了丢在我这里的"……

看来真相很明显，外婆没有错怪她，但是孩子一直在辩解。我不禁怒火中烧，忍不住批评道："明明自己做错事还狡辩，不认错还那么大声跟长辈说话，这样下去以后还得了……"

这时候爸爸和弟弟也起来了，姐姐看到越来越多人关注，愈发感到

生气和难堪，像一头受伤的小野兽一样冲所有人喊了一声"我恨你们所有人！"，然后跑回了自己的房间。

女儿回房后，反而给了我冷静的时间。我突然意识到，在这个空间里，我们有那么多人，她只有一个人，此刻的她应该感到非常孤独和无助。孩子犯过的一些小错误，在众人眼里好像被无限地放大了，大得让她自己都无法承受。

"纠正行为之前先建立连接""首先确保把爱的讯息传递给孩子"，此刻再多的说教都毫无用处，与其盯住说谎的事实，不如尝试了解一下孩子为什么说谎。我们大人是否有做得不到位的地方，导致她要用说谎来掩饰自己的行为？家长应该更关注问题的解决，而非让孩子付出代价！想到这里，我心情稍稍平复了一点，然后走进了女儿的房间。

"孩子，妈妈过来和你聊一下，你现在感觉好一点没有？"原本僵硬地靠在床边的女儿侧过脸来看我，我顺势把她搂到身边，"被人批评，特别是当众批评，肯定挺难过的，恨不得要找个地洞钻进去对不对？"

这个时候，女儿委屈地开始小声哭起来，我知道感觉找对了，于是用力地抱着她说："你能说说看，为什么买这些零食吃呢？妈妈之前有提过这些零食不能吃，对不对？"

女儿回答道："可是我学校的同学都在吃，我也想试试，他们都在讨论什么牌子的辣条最好吃，只有我不知道。"

我明白了女儿的想法："原来是这样，放学后和同学一起去买零食就没有那么孤单了，而且和他们也有共同话题。"女儿点点头。

我继续补充道："你很害怕被我们发现，就选择偷偷地在房间里面吃。"我看到女儿羞愧地低下头，双手紧紧地交叉在一起。

"孩子，妈妈理解你，因为我们小时候也会背着家长做一些他们不给做的事情。可能在这件事情上，妈妈限制了你，没有给你足够的空间去做决定。"此刻我向她表达理解和共情，同时也诚实地说："只是妈妈和外婆也担心你吃这些食品会不利于身体健康，因为我们都很爱你，爱你的人会希望你吃得好、长得好。特别是当你极力否认的时候，外婆会觉得你还没有意识到问题的严重性，所以她有点着急了，才说了你两句。"孩子听完，紧紧皱着的眉头放松了一下，脸色也缓和了不少。

"你要知道这个爱是一直在的，你们都是爱着对方的，只是刚刚你们暂时没有接收到爱的信号，对吗？"她犹豫地点了一下头。

虽然孩子没有表明自己的态度，但是我感觉气氛已经缓和了不少。孩子的错误目的，是寻求权力，这也是步入前青春期孩子的一个显著特点，她希望获得掌控感，希望能够得到父母足够的信任，去尝试使用自己的权力，我意识到，应当适当地放手，让她尝试使用自己的权力。

于是我对她说："通过这个事情，妈妈希望你能够有一部分的自主权去买自己喜欢的零食，同时又能够辨别一些不健康的食品，抵挡住垃圾食品的诱惑，你觉得可以怎么做呢？"

女儿看着我，小眼睛眨呀眨，认真地说："我会选择有质量保障的品牌零食，虽然价格贵了一点，但是比较安全。"

我说："好啊，选择一个靠谱的品牌，这很好，还有呢？"

女儿说："我可以看一些科普的视频，了解一下哪些成分对人体健康有害，以后就不买含有那些成分的零食 。"得到我的肯定和赞许后，女儿有点不好意思地说："妈妈，谢谢你给了我自主选择的权力，我以后也不会瞒着你了。"

实施效果

对于孩子来说，制止一个行为可以有很多种方式，比如施加惩罚、采用负强化的方式，但是，教育需要慢工出细活，是

直抵心灵的一种滋养，我认为应该从感受上去理解和共情孩子，在情感深处与他们产生共鸣，建立良好的连接，从而产生积极的影响，让他们由内而外地发生改变。经过这件事，我放弃了之前"严控不健康零食"的念头，转化为"帮助孩子选择更好的零食"的想法，甚至会和孩子一起研究成分表，一起享受美食的乐趣，帮助辨别好坏……当我们接纳了这个行为，和孩子也有更多贴心的话可以说。慢慢地，孩子遇到问题也不再掩饰和隐瞒，"说谎"这个行为，已经很久没有出现了。

作 者 信 息

姓　　名：林菁　　　　　　　　单　　位：广州市天河区少年宫

当孩子偷偷转走3000元

行为关键词：私自大额转账，缺乏理财观

运用正面教育理念：

1. 纠正行为之前先建立连接。

2. 确保把爱的讯息传递给孩子。

3. 关注问题的解决，而非让孩子付出代价。

运用正面教育工具：

1. 把犯错误看作学习的好时机。

2. 专注于解决问题。

行为分析

　　小学高年级的学生正处于由儿童期向青春期过渡的关键时期，处于心理发展的骤变期。由于生理上的变化和抽象思维能力的进一步发展，他们的自我意识、独立意识也随之迅速发展起来，进入了自我意识发展的第二个上升时期。他们已经有了独立意识，不仅摆脱了对外部评价的依赖，逐步依靠自我内化的行为准则来监督、调节和控制自己的行为。现在孩子的家庭条件基本都不错，得到金钱太容易，却缺乏理财观念，消费随意，甚至出现互相请客、攀比的情况。

　　正面教育告诉我们：孩子所有的行为都是内在需求的一种表达，孩子

每个不当行为的背后，也许都隐藏着一个未被满足的需求，我们要去发现它、满足它。

情景案例

一年前的某个下午，我太太发现支付宝的余额不对，支出和收入的金额有差异，就自己用计算器，挨个记录进行对账，通过计算，发现有3000元的差额，但找不到这3000元的支出记录，当时她很着急，马上打电话给我让我想办法。我们通过账单查看每一笔收入和支出的情况。经过细心核对后，我们发现这笔钱是转到了女儿的智能手表的支付宝余额里。但我们翻看了女儿手表上支付宝的余额，却查不到这3000元的相关记录。

我和太太有一种不好的预感：钱极大可能是女儿转走了。当时还是很担心的，害怕女儿遇到了校园欺凌，或者是网络诈骗，又或者是其他什么原因。我们也是第一次养孩子，虽然孩子成绩不是特别好，但是品行还是不错的，富有正义感，也乐于助人。电话手表是女儿五年级的时候才买给她的，方便我们之间保持联系，也方便孩子和同学交流沟通。由于孩子有过丢钱的经历，一般我们都会和她一起去扫码消费，但是女儿觉得自己长大了，希望能自己独立扫码消费，我们也同意开通手表的支付功能。手表支付有50元的额度供她使用，我们也会定期查看余额，亦或是在她消费后再充值进去。

但最终是什么样的情况，我们还是要和孩子好好沟通，我们都清楚，问题既然发生了，我们要关注问题的解决，而非让孩子付出代价。

当天晚上，我们家召开了家庭会议。太太和我约定不要生气，不要指责孩子，要把犯错误看作学习的好时机。

从致谢环节开始，女儿就表现得非常不正常，致谢说得比较结巴，拳头握紧，还不敢正视我们。我们也没急着说转账的事情，而是希望女儿主动说出她的情况但最终女儿还是没主动坦白。当我们说出发现的情况之后，女儿哭着说对不起，承认钱是她转走的，而且还删除了转账和消费的记录。

妈妈走了过去，抱紧了哭泣中的女儿说："你要把所有经过勇敢说出来，爸爸妈妈才能帮助你。"

女儿慢慢道出了缘由：自从到了五年级后，很多同学都有了自己的零花钱。学校不提供早餐，有的同学找父母要早餐钱，有的家长一个月给300元，有的家长每周给100元，很多同学在放学后三五成群地走在一起，校外小卖部成了大家请客消费的场所。大家都通过电话手表付款，有时候每人一根雪糕，有时候每人一包小零食，大家都吃得不亦乐乎。同学们都不吝啬，有时在学校里产生的一点小矛盾都会通过小零食化解。不过很多同学只会请自己的好朋友吃零食，导致有些同学认为"谁请客谁就是好朋友"。

女儿吃了同学分享的零食，次数多了自己觉得难为情，也想请客，听到同学说有一个小卖部老板的收款机可以开通会员，只要往里面充钱，之后直接报号码就可以消费。于是女儿偷偷地用妈妈的支付宝往自己手表里面充值了3000元，在小卖部老板那里充值后又把记录删除了。她觉得只要妈妈不发现就没事了。

听了孩子的心里话，其实我们当时内心非常震惊和生气，在女儿小时候我们就不停地教育她要对家里人诚实，做事三思而后行。为了女儿的学习我们也没少操心，甚至把房子租在学校的附近。听着女儿的话，我的怒火渐渐升高，眉头紧皱，不断深呼吸，我也看到太太微微颤抖的手臂，她的拳头抓了又放，这时太太也看到我准备爆发的样子，对我轻轻地摇头，她也担心我会一味地指责，甚至是"棒棍教育"。在太太的暗示下，我想起从学校里学到的正面教育，其中有一期是我们如何对待错误，这比犯错误本身更重要，以负责而不是指责的态度承认错误。我渐渐压住怒气，对

太太轻轻点头，约定不要生气就不能生气，父母是孩子的榜样。我们还是认为要用正面教育学到的理念对女儿进行沟通和教育。

我们冷静下来听完女儿的"全盘托出"后，也跟女儿一起进行了分析，表示爸爸妈妈了解她的感受，也认同同学朋友之间应该"礼尚往来"，因为这是非常有礼貌的表现。同时，我们也进行自我检讨，可能是我们没有给女儿树立正确的消费观，没有及时发现和教育她不要有攀比之心，更不要以请客多少作为衡量好朋友的标准。但事情已发生，我们不会责怪她，而是愿意和她一起头脑风暴来寻求更好的解决方法。

然后，我们三人一起商量，最后制定了如下几个策略：

（1）找小卖部老板退回已经充值的钱。

（2）太太的手机重新更改支付密码。

（3）电话手表支付设定限额。

（4）女儿做一本她自己的支出记账本。

（5）支持女儿正常的请客行为。

后来，我们找到了小卖部老板，经过多番沟通，老板只同意在他店里继续消费充值的钱，不同意退回。无奈之下我们三人又经过一番沟通选择了报警。协助警察调查后，我让太太陪着女儿先回家休息。经过警察的取证和协调，老板估计也担心警察长期在这里影响他的店铺正常运营，同意退回剩余的钱。

经过这件事情，虽然钱是退回来了，但是女儿的教育工作还没有结束，教育不是一朝一夕的事情。女儿后面才敢慢慢地告诉我们，她是第一次这么近距离地接触警察，很害怕警察叔叔把她抓走。她看过网络上的小视频，偷了东西的小孩会被打得很惨。她知道自己的确做得不对，但是她真没想过，爸爸妈妈居然没有对她"藤条焖猪肉"（粤语，意思是父母对孩子进行体罚）。我们摸着她的头说，我们会和她一起，把错误看作学习的机会，也相信她下次不会再犯类似的错误。

女儿以为的体罚没有发生，取而代之的反而是父母的理解，理解她渴望和同学保持朋友关系。虽然她的行为是错误的，但经历过这次事件，女儿也有了更多的消费自由，开始自己做账本。我们经常告诫女儿一定要对家人诚实，开诚布公才能更容易了解事情的真相，获得比较完美的解决方法；真心分享才能更加心安，获得更多的理解和自由。

从那件事以后，女儿回家会告诉我们今天哪个好朋友请客了，打算过两天一起逛街的时候回请，哪个同学给她送了一支笔，她打算回送一本精美的笔记本……女儿把记账本做得工工整整，她说要学会记录自己的支出，美其名曰"理财"。女儿整个六年级阶段都非常大方、热情，我们也暗自庆幸，因为学习了学校的正面教育，没有疏远与她的关系。

女儿每次想起这次经历，记住的不是被打骂，不是喋喋不休的指责，不是父母的黑脸训斥，而是记住了父母陪她一起面对、一起分享、一起解决问题的珍贵片段。

作 者 信 息

姓　　名：黎子华　　　　　　单　　位：广州市天河区龙口西小学

孩子情绪失控，我这样做

行为关键词：情绪多变，容易生气发怒

运用正面教育理念：

1. 尊重与平等、和善与坚定并行，不娇纵不惩罚。

2. 确保把爱的讯息传递给孩子。

3. 关注于问题的解决，而非让孩子付出代价。

4. 孩子感觉好的时候，表现才会好。

运用正面教育工具：

1. 允许孩子有自己的感受，并认同、接纳孩子的感受。

2. 积极的暂停，不在家长或孩子感到沮丧时尝试解决问题。

3. 安排"特别时光"。

行为分析

　　小学中高年级的孩子非常在意自己的形象、介意别人的眼光，对自己常有超过实际能力的期望，但是在日常生活和学习中却经常遇到各种小挫折、小磨难，这时便会产生自信心动摇和自我怀疑，甚至为了维护所谓的"别人眼中优秀的自己"而倍感压力。这种理想化的自我形象和现实之间的落差让心智尚未成熟的孩子难以承受，可能导致其情绪不稳定，容易生

气发怒，甚至还会过分自我否定。其实崩溃哭闹的孩子在传达的讯息是：我需要帮助。

这是孩子认识自我、寻求自我价值的重要阶段，家长应该充分理解这个阶段孩子情绪的特殊性，在认同其感受的基础上给予耐心引导，帮孩子建立正确的自我认识和价值感，并尽早培养孩子乐观的、积极向上的心态和遇事不慌不乱、用正面的眼光看待问题的习惯。

大概从一两年前开始，孩子在课业上遇到的问题越来越多，做作业时遇到难题就崩溃的问题开始变得明显了。

有一天下午，她正在做作业，突然带着哭腔嚷嚷："妈妈，你过来！"

我当时离她比较远，还没来得及回应，她就再次大喊："妈妈，这道题我不会！我想了很久都想不出来！"

我一边往她房间走，一边想着怎样回答她，这时耳边又传来了她的吼叫："妈妈快点！你快点过来啊！"

我沉住气，快步走进她的房间，只见桌上堆满了揉成团的草稿，地上扔了好几本皱巴巴的书，还有很多用过的纸巾，看来是已经哭了一会儿才爆发的。

眼前是一片狼藉的房间，耳边充斥着她崩溃的哭声，我的大脑一下子乱了，怒火直冲头顶，无数责备的话在我心里。我想说"你想想应该怎样说话妈妈才会理你"，又或者说"学习上遇到不懂的问题太正常了，为这种事哭那你得哭多少遍啊"，甚至想抛下一句"你现在情绪不稳定，我们没法好好聊，你先冷静下再来找我"……但是幸运地，我想起了"积极

的暂停"这五个字。不能在大人和孩子都有情绪的时候尝试解决问题，如果这时跟她理论，无论用哪种措辞，都只会让她更崩溃，然后演化成冲突。就算最后我用家长的权威压住了她的情绪，但问题始终没有得到根本的解决，被压抑的情绪会在下一个类似的情景里以更剧烈的方式重新爆发出来。

"宝贝，你稍微等妈妈一下。"说着我退出房间，把门掩上，不理她的叫喊，径自走到厨房。在厨房里我待了十来秒，做了几次深呼吸，确定自己已经平静下来后，我倒了一杯水送进了她的房间。

我抱住了哇哇大哭的她，轻轻拍着她说："你现在一定很烦躁，我抱抱你吧。"然后我帮她擦了一下眼泪，让她喝了口水，问她要不要休息一下。她哭着说不行，她想先把作业做完。我趁势肯定她说："面对这么难的问题，你都没有想过放弃，没有想着不做作业，你看你多坚强、多努力啊。"她抽泣着说："可我就是不会，怎么想都想不出来……"我一边抱着她一边说："遇到不会的题，怎么想都想不出来，是不是有点怀疑自己？越是急，越是做不出来，心里很难受是吧？"她在我怀里点了点头，继续哭着。我抱着她，轻轻拍着她的背说："嗯，这一定很难受……"就这样过了一会儿，她平静了一点，抬起头看着我说："妈妈，我没事了，你教教我吧。"于是我引导她重新读了一遍题目，很快她就把解题思路想出来了。

我知道事情到这还不算解决，我们需要培养她正面看待问题的习惯，在遇到问题的时候不轻易陷入自我怀疑的负面情绪里，尽可能积极乐观地面对。只有孩子感觉好的时候，她的表现才会好。我想到了自己一直在坚持的"每天记录五件让自己感到快乐的事情"的方法。积极心理学的研究表明这个方法有助于提高我们对日常生活的满意度和幸福感，有助于心理和生理都保持在较好的水平。何不把它介绍给孩子？

晚上睡觉前，我拿出了一本小笔记本，跟孩子介绍了这个方法，说以后这个小本子就是我们的"幸福"收集本，我们每天喂它"吃"五件快乐的小事。孩子听着觉得很有趣，于是一口就答应下来了，但是略嫌麻烦地要求从记录五件事降到三件事。我感觉最重要的是让她不抗拒，记录多少件事应该没有太大的关系，于是也同样爽快地答应了。我们决定以后用睡前的十分钟作为"快乐小事记录时间"，不仅可以帮助孩子复盘白天让自己感到快乐或者幸运的小事，还顺便建立了我们的"特别时光"。从那以后，我们俩都特别期待这睡前的十分钟。

　　每天晚上的这段时光让我更加了解孩子一天的生活，促进了亲子关系，让睡前的十分钟充满了温馨。说到兴起的时候，孩子经常会笑出声来，我感觉她比以前更开朗了。有时候她也会遇到所谓的"特别倒霉的一天"，怎么想都想不出一件让她觉得快乐的事，这种时候我俩就一起翻翻以前记录的内容，被那些过往的快乐感染，心就会慢慢地平静下来。有时她还会突然想到某些被自己忽略了的小事，悄悄地说："其实今天也没那么倒霉……"细想一下，每记录一件快乐的小事，都是在对孩子进行一次正面的心理暗示，也许正是因为这样，孩子变得更积极、更乐观了，情绪不稳定的问题减少了很多，遇到困难也更有耐性，家里基本不会发生像过往那种争吵了。

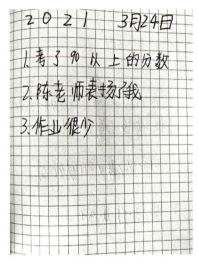

图1 快乐小事记录摘选1

图2 快乐小事记录摘选2

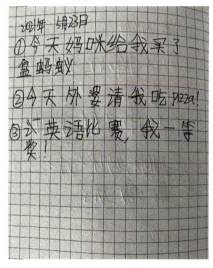

图3 快乐小事记录摘选3

作者信息

姓　名：谢韵　　　　　　单　位：广州市天河区五一小学

孩子讲脏话，我这样做

行为关键词：讲脏话

运用正面教育理念：

1. 纠正行为之前先建立连接。

2. 孩子感觉好的时候，表现才会好。

运用正面教育工具：

1. 矫正错误的"三R"：承认—和好—解决。

2. 利用"我句式"。

行为分析

　　小学高年级阶段的孩子正在经历从"他律"到"自律"的心理过程，一方面需要他人监督，另一方面孩子慢慢地变得独立。有些父母因为工作忙碌，会选择将孩子送到托管机构去完成作业。经过一天的紧张学习后，孩子在与老师相处的过程中，可能会发生一些不愉快的经历。作为父母如何面对来自老师的投诉呢？

　　"轩轩妈妈，今天孩子的数学作业有很多错误，要求孩子订正，孩子很抵触，甚至对老师讲了很难听的脏话，让我们老师感觉很伤心。希望你在家里多多教育。"托管老师用微信发来一段话。

　　接到托管老师的投诉，我心想："我已经跟孩子说明妈妈跟爸爸因为工作繁忙，无法及时辅导他的功课，要他在托管机构好好表现，孩子应该理解呀。况且对于脏话，我们一而再，再而三地杜绝，为什么还会讲！"

　　等到孩子回到家，我的情绪爆发了，我大声地训斥道："你今天在托管机构怎么回事？老师要求你订正作业，你怎么就不订正？还有，妈妈说了多少次，别讲脏话，你怎么就不听呢？"接着，我重重地拍了拍桌子，表示我的愤怒。

　　轩轩看到我生气的样子，眼泪夺眶而出，缩在沙发的角落里，唯唯诺诺地说出理由："妈妈，我今天中午没有睡着，所以下午写作业时，我感觉好累。今天的数学作业有好多计算题，我没精神算，所以做错了许多。我……"

　　看到儿子良好的认错态度，我怒火降了一些。但是，对于说脏话，我仍然不能理解。我依旧带着怒气说："那你就有理由讲脏话了吗？"

　　轩轩委屈地说："妈妈，我讲脏话，只是想缓解我的压力，我不是想要骂老师的！"说完就哭了起来……

　　刹那间，我也有点怔住了，感觉到了孩子的无助，我想到了"冰山理论"，想到了正面教育里"一个行为不当的孩子是一个丧失信心的孩子"。我对孩子大吼大叫，完全解决不了根本的问题。

　　习惯于运用正面教育管理班级的我，看到自己孩子今天的表现，我慢慢地捋出了一条主线：首先，基于我与孩子之前的良好关系，孩子愿意说出自己心里的委屈，我需要对孩子表达感谢。其次，对于今天我的情绪失控，我需要向孩子道歉。最后，对于孩子在托管机构的表现，我需要跟孩子一起商讨解决问题的方案。

是的，正面教育中的"矫正错误的'三R'"可以帮助我与孩子就本次事件进行有效沟通。

于是，等到孩子的哭声停下来后，我再次来到客厅，轩轩哀怨地看着我，我慢慢地坐在孩子的身边。

我说："轩轩，妈妈首先要感谢你，愿意说出心里的委屈，让妈妈知道如何与你沟通，这样的坦诚，在我们之间要一直保持，好吗？"

轩轩疑惑地看着我说："妈妈，你要感谢我？可是我今天表现这样糟糕，我不是好孩子……"说完，眼泪再次夺眶而出。

"轩轩，妈妈要跟你道歉，妈妈不知道你今天中午没有休息，妈妈不清楚状况，就发脾气批评你，是妈妈的不对，妈妈跟你道歉。"（第一步：承认，以负责而非指责的态度承认错误。）

轩轩抬起了头，擦干眼泪。我接着说："如果妈妈中午没有休息，下午工作效率也会很低，情绪也会非常糟糕。妈妈理解你，中午没有休息好，下午的数学计算题，出错是很正常的。妈妈不分青红皂白地就责怪你，大声批评你，是妈妈的不对，妈妈跟你道歉，你能原谅妈妈吗？"

轩轩的眼睛里突然就有了亮光，他用力地点了点头，说："妈妈，其实我也有不对，老师让我订正，我不订正。还说了脏话……"（第二步：和好，孩子是如此宽容大度。）

我知道我们要关注问题的解决了。于是，我跟轩轩提出两个问题：第一，对于午休休息不好，下午没有精神写作业这件事情，如何解决？第二，用讲脏话的方式来缓解压力会伤害到别人，如何用别的方式去缓解自己的压力？

轩轩想了一会，说："今天中午我没休息好，是因为隔壁床的同学找我聊天，我忍不住就跟他聊了一个中午，我想以后午休还是要好好休息。"

"还有，妈妈觉得讲脏话是不对的，你该怎么办呀？"我问道。

轩轩说："妈妈，我知道了，我以后不说脏话了。"

我接受了孩子的道歉，但是，对于讲脏话来缓解压力，我想还是需要引导孩子用"我句式"来表达自己的情绪，将情绪有效地、合理地表达出来。

我问轩轩："当你中午没有休息，又需要做很多数学计算题时，你有什么感觉？感觉疲惫？烦恼？还是着急？"

轩轩想了想回答："我感觉非常疲惫，也很着急。"

我点了点头，继续问："当老师指出你很多错误时，你有什么感觉？感觉受挫？痛苦？"

轩轩毫不犹豫地喊道："痛苦啊！"

我摸了摸他的头，说："妈妈理解你，这些情绪堆积起来，就容易有讲脏话的冲动。但讲完脏话的后果是什么呢？"

轩轩回答："应该会让别人感觉很受伤。"

我轻轻地点点头说："是的，别人会感觉很受伤的。那你有没有什么解决方案？既可以让老师知道你很疲惫且痛苦，又可以将数学作业好好完成？"

轩轩想了片刻，说："我可能需要回家休息一下，有精力了，应该就能做好数学计算题了。"

我欣喜地说："看来你找到解决问题的方法了。妈妈为你感到高兴。其实，表达自己心里不好的情绪有另外一种方法，你愿意学习一下吗？"
轩轩点头表示愿意。

我说："下次如果还遇到同样的情况，你可以这样说，'老师，我看到数学计算那么多错误，我觉得很疲惫，因为我中午没有休息，我希望可以回家休息一下，再来完成作业。'这样说话会不会让你自己跟别人都感觉好点？"

轩轩恍然大悟，说："妈妈，我发现这样说话，比讲脏话感觉好太多了。"我说："是的，让别人知道你的感受，且不让别人感觉受伤是我们人生中很重要的功课。"我们相视而笑。至此，这次"因孩子情绪失控而讲脏话"的事件得到了有效的解决。我们家也挂出了"情绪脸谱"，以便我们随时识别情绪、表达情绪。后来，我陪他做了许多关于"表达情绪"的练习。（第三步，解决，共同寻找相互尊重的解决方法。）

之后的一段时间，老师反馈，轩轩在托管机构的表现越来越好，没有再出现错题不改正和讲脏话的情况。他慢慢地学会了用"我句式"表达自己的情绪。甚至还跟我研究起王阳明的"心学"，他表示多读古文，可以让自己更加文明，更加理解他人的想法。正面教育的"矫正错误的'三R'"，让我与孩子的关系更加融洽，让孩子感觉好起来，进而表现好。

孩子每次表现出来的"错误行为"都有着深层次的缘由，父母不应该被其表面行为所牵绊，而对孩子大声指责。父母应该运

用"冰山理论"，去倾听孩子内心的需求与感受，再去决定用什么方法与孩子沟通。"矫正错误的'三R'"，确实可以缓和关系，但是孩子受伤的心理裂痕仍需要时间去修复。因此，我们需要努力做情绪平和的父母，减少使用"矫正错误的'三R'"的频率，才能让孩子更加健康地成长。父母的学习与修行，一直在路上。

作 者 信 息

作者：蔡丽芳　　　　　　　　　　　单　　位：广州市骏景中学

这样做，让孩子爱上阅读

行为关键词：不爱阅读

运用正面教育理念：

1. 孩子的每个行为都是为了寻求价值感与归属感。

2. 接受不完美，犯错误是学习的好时机。

3. 关注问题的解决，而非让孩子付出代价。

运用正面教育工具：

1. 从错误中恢复关系的"四R"：承认错误—承担责任—道歉和解—专注于解决问题。

2. 安排"特别时光"。

3. 赋予孩子自主权。

行为分析

小学中年级开始，孩子进入少年期，此时孩子对外界的感知敏感，自主意识也渐渐萌芽、发展，很容易被一些新鲜事物吸引，比如手机游戏、动画片、各种玩具、各种美食等。这类事物简单直观，趣味性强，而读书需要费力费脑，读完也难以立即产生成就感。久而久之，孩子的阅读兴趣就会弱下来，最终变得不爱阅读。

"冰山理论"告诉我们：行为只是表象，感觉、信念、归属感和价值

感则隐藏在事实背后。孩子的首要目的是追求归属感和价值感，如果我们能找到孩子的需求，让孩子找到价值感和归属感，孩子就容易爱上阅读。

我的儿子不爱阅读，这使我苦恼！

"不要总是玩，要多看看书！"那日，我又动怒了。

"多看看书？你专指语数英吧？我都写完作业了！"正玩玩具的儿子满脸不悦。

我闻言一惊：完了，刚刚我一时情绪上来，用上了"不"语言，明显使他不悦！

但理智告诉我，要接纳孩子，接受他的不完美。顶嘴，只是他的本能，是他内心情感的外显。我不该惩罚他，而应立足现实，关注问题的解决。但解决问题前，我应该先和他建立连接，让他感受到我对他的爱。

"儿子，给了你这样的感觉，真的很抱歉，这说明我这个爸爸当得很不称职。其实，学习不一定只是看语数英课本。我觉得我们可以重新探讨一下这个问题，找到适合你读而你又愿意读的书！你觉得怎么样？"那时，我尽量采用"从错误中恢复关系的'四R'"原则，先承认错误，承担责任，并提出和解的请求！问题已经抛出，现在只待他接招。

"那看武侠小说可以吗？"

果不其然，孩子爱看的都是这类"快餐式"小说！我本不愿，但想着"孩子感觉好的时候，表现才会好"，念着"小步前进，一天一点进步"的理念，我还是咬着牙答应了："行呀，这有什么不可以的！"（赋予孩子自主选择权）毕竟，从不读到读，这已经是一种进步了！

于是，我带着他去图书馆借书。除了武侠小说，我顺便还借了些他感兴趣的历史故事绘本。回家的路上，我感慨万分："儿子，和你在图书馆里面坐着，感受书香，感觉真好！谢谢你！"（确保把爱的讯息传递给孩子，通过表扬使孩子产生愉悦感，找到情感价值。）

"我也是！爸爸，我记得三岁的时候，你经常带我来这里看书，对不对？我有印象！"他强调着小时候的事。是的，那时我和他妈妈还没有离婚，只要一有空，我就会带他去图书馆看书。

不到一周，他就把借的书全看完了！很快，我又带着他去借书（跟进与执行），依旧是一些历史故事类书籍。他喜欢历史，从古巴比伦到古印度，再到三皇五帝，他都喜欢看。有时，他看完还会津津乐道，曾经我总会呵斥他，希望他给我一点安静的空间。但一看到他不开心，我又觉得懊恼无比。他有表达的诉求，他希望把自己学到的知识分享出来。那时我才意识到，孩子的每个行为都是为了寻求价值感与归属感。于是，我便会在每周固定一个时间，听他分享读书感受（安排"特别时光"）。在分享中，在我的回应里，儿子感受到了快乐，因为他找到了自己的价值，找到了归属感。各位家长们，如果你真的希望孩子爱上阅读，听孩子分享是必不可少的一个环节。我们其实不用做太多，只需静静地听，真诚回应即可。

孩子阅读的时间愈来愈多，我意识到该进入第二个阶段了——引导孩子阅读我希望他读的书。某日，我故作愁眉苦脸，儿子追问缘由。我见时机来临，便说道："读书节马上就要来了，我下周要在学校大会上做报告，向全校老师推荐一本适合孩子在读书月读的书，以便老师布置阅读任务。但是学校给我布置的工作真是太多了，我没有时间去细读。不读，又没办法讲得具体，就不会有自己独到的看法！"（关注问题的解决；增添孩子的参与感，让孩子在参与中获得成功的喜悦，感受到自我价值。）

儿子闻言，眨着眼，想了想说："那我帮你看吧！我看完再讲给你听，这样就可以缩短你的阅读时间。我还可以把我的感受说给你听！"

"好呀！那你帮我读曹文轩的《青铜葵花》吧！"

儿子愉快地答应了，很快便投入了阅读。我知道，在这件事中，他虽

然并不愿意读《青铜葵花》这样的文学作品，但他乐于为爸爸排忧解难，他觉得能为爸爸做点什么，就体现了他的价值，也能从这件事中找到父子关系中的归属感了。其实，我一直都知道，我和他之间的问题一直都是陪伴问题，是离异后孩子情感创伤的弥合问题。

其实，不爱阅读真的只是一道伪命题，其本质是亲子的情感沟通出现了问题！

实施效果

　　每天前进一小步，从孩子喜欢的内容开始，让孩子先学会阅读，再爱上阅读。这样的过程，持续了近两个月，孩子终于从热衷游戏，慢慢转变为热爱阅读。要尊重孩子，平时多与孩子聊一聊他看过的课外读物。孩子在分享的时候，会找到自信，心情也会变好。孩子感觉好的时候，表现才会好。同时，在分享的过程中，家长也要确保把爱的讯息传递给孩子。最后，要学会用鼓励的语言激励孩子，要对孩子的进步进行肯定，让孩子找到自己的价值感与归属感。半年过去了，孩子现在十分喜爱阅读，各类书籍都会看，他的视野一下子开阔了许多，生活也充实了许多。每天放学后，儿子都会在学校的图书加油站旁看书。

作 者 信 息

姓　　名：吴灿　　　　　　单　　位：广州市天河区新昌学校

孩子沉迷电子产品，家长可以这样做

行为关键词：沉迷电子产品

运用正面教育理念：

1. 孩子的首要目的是追求归属感和价值感。

2. 纠正行为之前先建立连接。

3. 要确保把爱的讯息传递给孩子。

4. 花时间训练，小步前进。

运用正面教育工具：

1. 从错误中恢复关系的"四R"：承认错误—承担责任—道歉和解—专注于解决问题。

2. 安排"特别时光"。

3. 有效地跟进执行。

行为分析

　　小学中年级开始，孩子进入少年期，此时孩子会出现一种强烈的要求独立和摆脱成人控制的欲望，在他们的性格特征中表现出明显的独立性。同时，随着年龄的增长，他们对外部控制的依赖性逐渐减少，但其内部的

自控能力又尚未发展起来，还不能有效地调节和控制自己的日常行为，因而容易沉迷电子产品。

正面教育告诉我们：孩子所有的行为都是内在需求的一种表达，孩子的每个不当行为的背后，也许都隐藏着一个未被满足的需求，我们要去发现它、满足它。如果孩子在真实的世界里找不到价值感和归属感，他就容易沉迷在电子产品中。

情景案例

那一晚，凌晨两点多我起来上洗手间的时候，无意间瞄了一眼儿子的房间，发现他被窝里竟然又亮着灯——他果然还在看手机！

那一刻，我怒不可遏，大脑已失去理智。我冲上前去，一把掀开被子，夺过他的手机，几乎是咬牙切齿地对他吼道："你真的太让我失望了！你已经无药可救了吗？从今往后，你别想再得到这手机！现在，你马上给我睡觉！"

说完，我就离开了。我不知道儿子当时的表情，但我听到了他啜泣的声音。愤怒的我并没有理会儿子的反应，而是把在另一个房间已经入睡的孩子爸爸"拎"了起来，又开始喋喋不休地怪罪他当初把这个手机当作礼物送给儿子，现在好了，儿子多次被我发现熬夜玩手机，已经沉迷上瘾。

经过一晚上的冷静期，我回想起正面教育培训过的种种方法。我突然意识到，其实孩子已经长大了，他已经进入了另一个自主性更强的"少年期"，而我们家长可能还停留在他仍乖乖听话的"幼年期"。或许我应该为他的成长而高兴，正如正面教育理念所说，当遇到教育孩子的挑战时，我们应该庆幸，和孩子一起成长的机会又来了。

我和孩子爸爸进行了冷静的分析和讨论，反省了我们自身存在的问题。最近半年多时间里，我们确实冷落了孩子，忙起来的时候，经常让他自己一个人待在家，晚上回来因为大家都累了，就缺少了跟孩子的交流。现在出现问题了，才发现我们给他的关注太少了。孩子的每个行为都是为了寻求价值感与归属感。但事已至此，我们决定先和孩子修复关系、建立连接。我想到了正面教育中的"从错误中恢复关系的'四R'"原则。

于是，我们把孩子叫到跟前，一起坐在沙发上。

"儿子，爸爸妈妈想跟你聊一下关于手机的事。"我先开了个头，看到儿子把头低了下去，双手放在了沙发边上。

我把手放在他肩膀上："首先，妈妈要跟你道歉，昨晚我不应该突然冲进你的房间，还说了一些让你伤心的话，其实说完后我也后悔了，请你原谅妈妈，好吗？"我看到他的头更低了，但也点头示意了一下。

"妈妈看到你最近白天都没有精神，以为是你生病了，还想着要多做几个好菜让你更好地补充营养。可是，昨晚我又看到你偷玩手机到深夜，你知道妈妈多么担心你的身体吗？爸爸妈妈都很爱你，也很信任你，之前你也承诺过一定会遵守手机使用时间的约定，所以昨晚看到你又熬夜玩手机，妈妈心里除了生气，还有很多的担心和难过。"我向儿子表达了自己真实的感受。

这时，孩子爸爸也发话了："爸爸知道玩自己喜欢的手机游戏要停下来不容易，你在我们心中一直是自制力比较强的孩子，我们也相信你不想让手机影响自己的学习和作息时间，对吗？"

这时，儿子抬头看着我们，眼里含着泪："爸爸妈妈，对不起，我知道这样不对。你们经常不在家，我做完了作业就只有手机陪着我，让我感觉不那么孤单和难过。渐渐地，我脑海里老想着手机里的游戏，想停也停不下来。"儿子边说边抹着泪，然后又把头低下去了。

我给了他一个拥抱："儿子，我们错了，不应该经常把你一个人留在家里。但我们很担忧，如果这样没有节制地玩手机，最后只会害了你。你

愿意和爸爸妈妈一起再想想办法，从对手机的依赖中解脱出来吗？"

"嗯，我愿意。但是我怕我做不到。"

"如果做不到，爸爸妈妈也有责任。以后，我们家多设一些'特别时光'吧，我们一起多策划些有趣的事情。哦，对了，最近刚好有个小长假，我们一家三口就去你一直很想去的北京，去看长城和故宫。"

接下来的沟通就比较顺畅了，我们跟孩子约定好，在旅游途中，除了要查找景点信息、地图导航或扫码支付等必要情况，其他时间都不看手机。在从北京旅行回来的高铁上，我们一家人兴致勃勃地谈论着窗外绿油油的麦田时，儿子突然说："我现在感觉好像离开手机也可以了。"

后来，我们一起制定了日常惯例表，约定周末完成作业后才能看手机，且要让眼睛适时休息；他还可以和爸爸妈妈交流探讨手机里的游戏内容，甚至邀请爸爸一起参与游戏；每周末固定有一天外出的亲子"特别时光"，内容和地点由三个人一起商定。

此外，每当手机使用时间到了，我就会走到他身边对他说："我们约定的时间到了，是你自己关机，还是我来帮你关机呢？"

我有时还会补充说："要做到按约定关机很不容易，但是我相信你可以做到。"当他做到时，我就会及时给予肯定鼓励："我刚一提醒你就自己关机了，你做到了自觉！"或者抱一下他说："谢谢你又遵守了我们的约定！"

有时，他还是做不到马上就停止。我就不再说话，只是坐在旁边安静地看着他，指指手表或时钟，"和善而坚定"地干扰他。通常这种情况下，只要我保持平和的语气和态度，他虽然还是不情愿，但基本都会遵守约定关闭手机。

实施效果

　　明白了孩子的行为很可能就是为了寻求价值感和归属感，我和孩子爸爸都调整了自己的工作节奏，与孩子有了更多的亲子"特别时光"。我们坚持花时间和孩子一起不断地完善和有效地跟进执行日常惯例表上的约定，儿子也在一点点进步。

　　再后来，儿子慢慢摆脱了对手机的依赖，学习和生活恢复了正常，也没有再发生过偷玩手机的事情。他自己也会主动和我们沟通关于重新约定手机使用时间、换其他形式来提醒等内容。只要他提出的要求合理、对他自己有帮助，我们也尊重他，尽量让他更多地参与到约定与跟进执行的过程中，因为他参与越多、自主感就越多，从而也更有掌控感，更容易脱离对电子产品的依赖。

作 者 信 息

姓　　名：潘秀琼　　　　单　　位：广州市天河区昌乐小学

家庭和平桌
——对"孩子总是爱唱反调怎么办"问题的探讨与改善

行为关键词：爱顶嘴，爱唱反调

运用正面教育理念：

1. 尊重与平等、和善与坚定并行，不骄纵不惩罚。

2. 接受不完美，犯错误是学习的好时机。

3. 关注问题的解决，而非让孩子付出代价。

运用正面教育工具：

1. 从错误中恢复关系的"四R"：承认错误—承担责任—道歉和解—专注于解决问题。

2. 运用"积极的暂停"，了解目前的问题或情形。

3. 家庭会议。

4. 安排"特别时光"。

行为分析

　　孩子在成长过程中，总会出现一定程度的逆反心理。小学中年级开始，孩子进入少年期，独立性增强，会出现一种强烈的要求独立和摆脱成人控制的欲望，表现为故意不听家人或老师的话。大人不让做的偏要做，大人要求做的偏不做；明知是对的也不听，故意和大人对着干。

正面教育告诉我们，逆反心理产生的原因有三种：一是好奇心，二是对立情绪，三是心理需要。这是人们心理发展的一般规律，由于孩子自控能力较差，这种需求也更强烈。他们需要被看见，情绪需要被化解，这也是双向成长的契机。

情景案例

【放学时】

妈妈："快点写作业！"

儿子："开始写啦！真啰唆。"

妈妈："晚上还有其他的任务呢。"

儿子："你好烦！"说完，砰的一声，关上了房门。

【做饭时】

妈妈："可以帮忙去楼下买包盐吗？"

儿子："不，我不去，你自己去！"

【检查作业时】

妈妈："这里写错了。"

儿子（抿嘴）："哼，你又不是老师……为什么要听你的！"

积压已久的怒气瞬间爆发，儿子又一次挑战父母的权威，已经到了不听话、凡事说"不"的叛逆期。几番吵架后，剑拔弩张，火药味十足。孩子爸爸下班后，对儿子近段时间作业质量进行检查，决定与我统一战线。经历了这场狂风暴雨，全家在不安中睡去。第二天，我与孩子爸爸就孩子最近的表现进行了一次长谈，根据孩子的能力和实际情况做出了一些反思与改变。

我想起正面教育中说过，孩子产生逆反心理的原因有三种，一是好奇

心。对于孩子来说，他们有着强烈的好奇心，容易被新鲜事物所吸引，勇于提问，爱动脑筋，越是不让动的、不许看的就越想动、越想看。二是对立情绪。任凭你苦口婆心，千言万语，他却无动于衷，认为你是虚情假意，吹毛求疵。三是心理需要。孩子对越是得不到的东西，就越想得到；越是不能接触的东西，就越想接触；越是不知道的事情，就越想知道。

原来，叛逆的背后是需要被看见。看见儿子因为不够理智，但又有想强烈表达的意愿时，我知道这是因为孩子长大了，有自己的思想了，再也不是过去那个你说就听，一味接纳的幼儿了。每一次的冲突，背后都是挑战和机会，这是给父母和孩子双向成长的契机。

在反省了我们自身存在的问题后，我想起正面教育中"从错误中恢复关系的'四R'"：承认错误—承担责任—道歉和解—专注于解决问题。于是，我敲开了孩子的房门，先第一时间承认了爸爸妈妈因为工作忙而缺少陪伴的问题，并真诚地和儿子道歉。令人惊喜的是，大大咧咧的儿子似乎并没有把前一天晚上的激烈冲突放在心上，他很热情地邀请我到他房间的自制圆桌上，安排给我一个座位，说出了自己的解决办法："妈妈，您要是控制不住脾气，可以试试先把自己关在房间5分钟。"这不正是正面教育中建议的在发脾气之前"暂停"一下，并告诉自己，这是愤怒的感觉，这是要发脾气的感觉。简单的问询能够快速地让自己与混乱愤怒的情绪拉开距离。

"妈妈，我想到了解决矛盾的好方法，你、爸爸、妹妹和我各坐在桌子的一边。"我一听，这不就是正面教育中解决问题的"和平桌"吗？我想到亲子沟通从"倾听—信任—决定你将做什么—认同感受"开始，马上为孩子的想法点赞，大声地称赞："你这个想法太棒了，没想到你自己已经想到了很多解决问题的好方法，妈妈要向你学习。"儿子的脸一红，不好意思地说："这是我们班主任丘老师和心理老师教的方法。"我瞬间为孩子竖起了大拇指，将孩子猛夸一顿。同时，也想起班主任丘老师对孩子的正面反馈——热心、有正能量、特别暖心等优点。最好的家庭关系，不就是这样，看见彼此的需要，互相引领，共同成长。

我们一起在"家庭和平桌"上，就情绪管理、作业要求、大人怎么说、孩子怎么做的问题，来了一次"围炉"而坐，换位思考，达成和解，互换意见，约定章法。

后来，我们一起制定了新的日常惯例表，并在计划中留出了机动安排的时间。至于其他方面的学习计划则按照主次，合理安排在周末或平时的空余时间。此外，把每周日定为家庭日，创造属于一家四口的"特别时光"。

我看着孩子的眼睛，温和而坚定地说："我相信你可以做到。"当他做到时，我不仅会表扬，还会揽着他的肩膀说："你真棒！你能够很自律地处理好自己的事情！"

经过半学期的坚持，大家都在共同学习正面教育的路上不断前进，有矛盾的时候会在"家庭和平桌"上商讨，坚持执行约定，这也成了我们家庭的"特别时光"，确定了家庭成员之间的沟通应该和平、民主，有事好好商量，一边调整一边执行，遇到问题随时修正的基调。儿子也基本做到了心中有数、自己的学习时间自己管理的自律常态，同时也给妹妹树立了榜样。

作 者 信 息

姓　　名：张庆　　　　　　　单　　位：广州市天河区中海康城小学

如何对考试成绩不理想的孩子赋能

行为关键词：抗挫能力弱，敏感脆弱，考试成绩不理想

运用正面教育理念：

1. 尊重与平等、和善与坚定并行，不娇纵不惩罚。

2. 纠正行为之前先建立连接。

3. 关注问题的解决，而非让孩子付出代价。

运用正面教育工具：

1. 共情。

2. 积极的暂停。

3. 启发式提问。

4. 鼓励。

行为分析

四年级是孩子心理的一个转折时期，孩子心理敏感，自主性和自律性不足，此阶段也是自信心形成的关键时期。学习成绩的好与坏对孩子的自我效能感有较大的影响，考试成绩不理想，会让孩子感到灰心、苦闷、彷徨、自闭，拒绝沟通，甚至自暴自弃。这时候，家长和老师的鼓励和引导

至关重要。应用正面教育的理念和方法有助于提升孩子的自我效能感，增强孩子的自主性和自律性，有利于形成积极的人生态度。

情景案例

当我下班回到家，一推开门就见到儿子蜷缩着坐在沙发的角落里，眉头紧锁，眼神黯淡无光，如同一株枯萎的花朵，失去了往日的生机和活力。他看上去是如此的沉闷和低落，以至于我的到来对他来说仿佛就是透明的空气！

要知道，他平时是个活泼开朗、健谈且自尊心很强的孩子。我感到很纳闷："儿子你怎么啦？没看见我回来吗？"话到嘴边，硬是被我咽了回去。最近，我参加了学校组织的正面教育家长工作坊的学习，因此我决定尝试用正面教育的方法来和他进行沟通。于是我走到他身旁坐下，快速地整理了一下思路，决定先共情，和他建立连接。我望着他说："儿子，你看上去很失落，是不是遇到什么不开心的事情啦？"他抬起头瞄了我一眼，然后马上又低下头，继续保持沉默。看来，第一次连接失败！我尝试再次建立连接。我充满爱意地抚摸着他的后脑勺说："妈妈看出来你很难过，是不是想一个人待会儿啊？我难过的时候也会想一个人静静地待一会儿，不想他人打扰。如果妈妈打扰到你了，我向你道歉。等你愿意和我聊的时候，你再来找我好不好？妈妈爱你！"

说完这话，我习惯性地向儿子张开了双臂。这时儿子却哭着转身扑向我，我紧紧地把他搂在怀里，轻拍他的肩膀："妈妈相信，即使再大的困难，我儿子也能克服。""妈妈，我语文期末考试考砸了！呜……""嗯，考得不好，你很伤心是吗？"我用反射式倾听进行回应，用手轻轻地帮他抹掉眼泪，带着尊重的语气问他："你是否愿意把卷子给妈妈看一下？让

我们一起来好好分析一下，如何？"

儿子从书包里找出那份卷子，无力地递给我。82分！我心里咯噔一下，这离我们的期待也差太远了吧，估计是倒数几名了！我强行压住失望和怒火，决定先采用"积极的暂停"。于是我将试卷轻轻地放在茶几上，找了个借口说："儿子，不好意思，等我去一下卫生间后再和你一起分析，好吗？"我关上卫生间的门，深呼吸了几口气，好让自己的情绪快速冷静下来。

儿子平时成绩不错，我们对他的期望也比较高，他这次的成绩远远出乎我们的意料，为什么会这样？难道是因为他最近玩游戏导致成绩下降？一想到这里，我的怒火就噌地一下窜上脑门，因为我们在考试前一直告诫他不要再玩游戏，否则有可能会影响成绩，但他却将我们的话当成耳边风，如今成绩果然大幅下降！那一刻，许多粗暴的惩罚方案不受控地出现在脑海，我感到愤怒正在侵蚀我的理智。但转念一想，这样做除了发泄自己的怒火以外，对解决问题于事无补，相反，还会伤害孩子，增加他的痛苦和对我的不信任感，甚至会从此走上自暴自弃或反叛对抗之路，这是我不想看到的结果。

经过一番自我抓狂的煎熬后，我对解决当下的问题毫无头绪。于是我决定闭上眼睛，中断思考，深呼吸三分钟，心情才慢慢平复下来。此时我的脑海里浮现出正面教育的相关理念：犯错误是学习的好时机，管教的方法是否长期有效，应关注问题的解决而非让孩子付出代价，等等。于是，我决定尝试采用启发式提问、鼓励、"赢得孩子合作的四个步骤"等工具来解决这个问题。我对着镜子练习了两分钟的微笑，正如正面教育提倡的理念：处理事情之前先处理好自己的心情，确保自己有足够的心理能量。之后我才出去和儿子进行沟通。

我再次坐到儿子身旁，坦诚地对他说："儿子，82分的成绩，妈妈也觉得很意外，我希望你有更好的表现。不过，我认为咱们还是有必要客观地来分析一下这次考试。"然后我带着好奇的心态询问道："儿子啊，在你看来，本次测试中你感到比较满意的有哪些方面？"儿子说，他认为自己对基础知识掌握得比较好，书写工整和卷面整洁度也进步了不少。我点头表示认同。为了训练儿子辩证地看待问题，我继续问道："你认为自己有哪些方面需要提升呢？"他回答说："阅读理解和作文题失分比较多，以后要多练习该类题目。"看到儿子能自主分析自己的优势和不足，我感到了一丝安慰。为了培养他的系统思维能力，我继续问道："刚才你是从知识点方面去分析的，除此之外，还有别的因素会对成绩产生影响吗？"儿子深思了一会儿说："我觉得做题的方法和平时付出的努力也可能会影响到成绩。"我带着肯定的口吻说："儿子，你能辩证地、系统地看待问题，多角度地归因，这很难得。那你觉得自己在解题方法和努力方面做得如何？"儿子低下头想了想说："妈妈，我知道了，在解题方法上我觉得自己解题速度快了一点，做完没仔细检查；在努力方面我也做得不够，考试前一段时间我还经常玩游戏，老师讲过的作文题，我也没花时间去复习，结果考试就出了同类型的作文。如果我少玩点游戏，多用点时间复习以前做错的题目，估计这次作文就不会被扣那么多分了。""嗯，那接下来你有什么打算呢？"我趁热打铁地问道。

"从明天开始，我每周玩两次游戏，把其他玩游戏的时间用来练习阅读理解和写作文，做完作业后仔细检查。""好，就按你说的去做吧！知耻而后勇，知弱而图强，不是每个人都能做到的，这需要勇气和智慧。妈妈相信你一定能做到，你有信心吗？""有！"儿子响亮地回答道，并伸出小手和我用力地击了一下掌，脸上露出了自信的笑容。我也深深地舒了一口气！

实施效果

　　面对儿子不理想的成绩，我难以接受，并感到失望和焦虑，情绪几度失控。调整情绪后，我的做法和以前大不一样，既没对他进行一大堆自以为是的说教和严厉的批评指责，也没替他解决本属于他自己的问题，而是应用正面教育的理念和方法，做到和善与坚定并行，充分信任孩子，适时地鼓励赋能，保护了他的自尊心，锻炼了他自主解决问题的能力，建立了温暖、尊重、信任的亲子关系，彼此都收获了好心情。除此以外，我认为很重要的一点是，正面教育还帮助他勇敢地面对失败，形成积极乐观的人生态度！

作 者 信 息

姓　　名：孔美鑫　　　　　　　单　　位：广州市天河区长兴小学

孩子，你能行

行为关键词：内向，表现不自信

运用正面教育理念：

1. 纠正行为之前先建立连接。

2. 确保把爱的讯息传递给孩子。

3. 花时间训练，小步前进。

4. 关注问题的解决，而非让孩子付出代价。

运用正面教育工具：

1. 眼神交流/目光对视。带给孩子被重视的感觉。

2. 倾听。认真聆听孩子的心声，给予他被尊重的感觉。

3. 安排"特别时光"。创设能够畅所欲言的环境，增加其自信心。

4. 约定。通过相互约定帮助孩子从根本上克服畏难情绪，利用自驱力鼓励他大胆去做。

　　自信，是一种积极的自我肯定。它能使我们了解自己、相信自己、悦纳自己，从而塑造良好的自我形象。自信来源于自我评价，但这种评价必须是积极肯定又切合实际的。心理学研究表明：自我评价是一个从外部评

价向内部评价逐步内化的过程。充满自信的人，大脑思维活跃，容易产生灵感和创造力。而总觉得自己不如别人、缺乏自信的孩子，容易在学习中没有激情，大脑受到抑制，创造性思维难以发挥，如果不及时帮助他们走出阴影，树立自信，将会影响他们一生的发展，造成难以弥补的损失。

我家孩子上小学高年级了，但性格一直比较内向。中低年级时，课堂上他还能在老师的鼓励下主动举手发言。但随着年龄的增长，我感觉他不自信的问题越来越严重。他上课时不敢举手回答问题，即使自己想到了答案，也只敢自己小声回答。那一次，老师误以为他在台下讲话、没有认真听讲而批评了他，他也不敢辩解，因此情绪低落，自信心更加受挫，于是陷入恶性循环。

那天是数学课，老师正在讲解"鸽巢问题"。老师告诉我，他在小组中积极参与讨论，眼里有光。但是当老师提问时，他马上低下头，企图用这样的方式掩盖自己的存在。当同组同学正在回答问题时，他想补充自己的看法，却不敢举手，就自己私下小声地说着答案。老师发现了他的"碎碎念"，问他是否有答案想补充。他脸瞬间涨红了，停下来想了想却只是摇摇头，还是没有勇气站起来回答，课堂氛围陷入尴尬。老师就说："那你刚才在小组讨论的时候难道是在说其他话题吗？知道答案就大胆说出来；不知道答案，就请你安静倾听，不要私下讲话影响别人！"

可能是老师的话刺痛了他，他突然大声吼道："我没有讲话！"老师被他突然一吼也愣了一下："明明在课堂上讲话还不承认，还敢大声狡辩！放学请你家长来学校！"

和老师面谈后，我意识到如果任由孩子的这种状况发展下去，特别是进入青春期后，很可能会给孩子带来更多困扰和影响。我觉得一定要和孩子好好谈谈了。

回想起平时，我和他爸爸的工作比较忙，对孩子所谓的"内向"表现也没多加关注，觉得他长大了就自然好了。但孩子逐渐长大，我们发现他好像变得更加沉默寡言了。但因为他学习上还算比较自觉，所以我们也都不会太过在意。晚上下班后我和他爸爸玩手机、看书，孩子就自觉做与学习相关的事情。有时他来问我们问题，我们也会轻描淡写地说："我们相信你自己可以解决的。"

经过数学老师反馈的这件事，我和孩子爸爸进行了冷静的分析和讨论，反省了自身存在的问题。可能我们确实忽视了孩子很多的感受。

我找了一个时间充裕、孩子情绪稳定的午后，耐心询问了他在课堂上"吼"老师的缘由。他回答说："我上课没有不认真，也没有在课堂上讲话，我只是不想站起来回答问题。但老师冤枉我，她不相信我。答案我是知道的……我只是不敢在大家面前回答问题。妈妈，我……我是不是'社恐'？我总觉得如果我说错了，大家就会笑话我，我害怕自己出错……"

原来，我的孩子是这么看自己的！他原来这么不自信。我想起正面教育里说的，"一个行为不当的孩子，是一个丧失信心的孩子"，也许是由于平时孩子较为自觉，我与孩子爸爸给予的关注与肯定不足，所以造就了他的不自信。

从那以后，在每天晚上的家庭时光，我和孩子爸爸都会放下手机，主动与他沟通交流，更多地倾听，并给予他肯定。

"妈妈在天台种的朱顶红今天终于开花了，我们一起上去看看吧。"

"今天，爸爸在工作的时候专门问了同事，什么叫'社恐'。这么说来其实爸爸也有一点'社恐'呢。我们要怎么一起去解决这个问题呢？"

"今天在学校有没有发生什么特别有趣的事？"

"今天我们一起去看电影吧，你想看什么？"

孩子从开始的眼神躲闪，到后来慢慢地可以在良好的氛围中与我们轻松对视。亲子间亲切交流渐多，我感到孩子在小步前进，一天一点进步。

慢慢地，他在学校和老师交流时也逐渐放松下来，能时不时和老师目光对视，不再畏惧他人的眼光。同时，他也会主动向我们说起在学校发生的事情。

"今天在学校我们上体育课的时候，跑400米，我跑了小组第三名呢！"

"今天小宇跟我讲了一个笑话，很好笑，我讲给你们听。"

要是以前，我们对他的相关讲述，态度一般都是敷衍的，因为过去我们常认为这是孩子应该做的，不应该骄傲，也不值得表扬。但是在正面教育的影响下，我们认真倾听了孩子的表述，并给予他一些正向的反馈，比如用"我谢谢你""我相信你"这样的鼓励性语言来肯定他，这样的交流形式让孩子获得了认同感和归属感，也更有表达的欲望了。

除此之外，我们还与孩子约定，每天晚饭后的15分钟，是一家人的"特别时光"。在这个时间里，他可以畅所欲言，尽情表达自己的想法和感受，父母不做对错的评判，重在训练他倾诉和表达的能力，同时更进一步培养他表达的胆量。

我们还跟孩子做了在课堂上的约定，比如能否每天主动举手回答一次问题？每天主动举手回答问题至少可以有多少次？我们用尊重而平等的方式来跟孩子进行沟通和商量，让孩子在实现约定的过程中一点点进步，增强自信心。慢慢地，孩子每节课至少都能主动举手一次了！

实施效果

　　在实践了正面教育的几个工具——眼神交流/目光对视、耐心倾听、设立每天"特别时光"和相互约定、鼓励之后，我们感觉孩子的自信心明显有了提高。眼神的交流，让他在心理上得到家长、老师、同学的鼓舞，提升了自信；父母的耐心倾听，让他找到价值感和归属感，进一步提升了自我认知能力；每天的"特别时光"，创设了让他能够畅所欲言的环境，锻炼其表达能力；相互之间的约定，帮助他从根本上克服畏难情绪，利用自驱力大胆去做，小步前进，一天一点进步。

　　孩子在家里跟我们的沟通也多了起来，老师也反馈孩子每节课都能积极举手回答问题。孩子的精神面貌变得阳光积极，平常走路也昂首挺胸了，不再像以前一样弓腰驼背。

作 者 信 息

姓　　名：钟昱　　　　　　　单　　位：广州市天河区凌塘小学

孩子不肯做家务劳动，家长可以这样做

行为关键词： 不肯做家务劳动

运用正面教育理念：

1. 纠正行为之前先建立连接。

2. 关注问题的解决，而非让孩子付出代价。

3. 尊重与平等、和善与坚定并行，不娇纵不惩罚。

运用正面教育工具：

1. 积极的暂停，先解决情绪再解决问题。

2. 家庭会议。

3. 头脑风暴。

4. 专注于解决问题。

行为分析

大多数孩子从小就在家长的庇护下长大，在生活中很多事情都被家长包揽，缺乏实际锻炼的机会。在儿童成长的过程中，他们的自我意识逐渐增强，在孩子的心中，家务劳动往往是一种强制性的责任，他们不愿意被强迫去做一些事情。同时，孩子在做家务时，往往又会受到家长的期望和评价，这会让他们感到不被信任，因此，就慢慢地对家务劳动失去了兴趣和责任感。

当大人扮演起"超级妈妈"或"超级老师"的时候，孩子习惯了这个世界为他们服务，而不是他们为这个世界服务。长此以往，孩子在家庭中也没有了归属感和价值感，对家庭缺乏责任心，也就不愿为父母分担家务劳动了。

在单位忙碌了一天的我下班匆匆赶回家做饭，一进家门就看到乱丢的鞋子和脏袜子，沙发和茶几上更是乱七八糟，书包、书本和衣服被随意地乱扔，而比我早回家一个小时的四年级的女儿此时正悠闲地吃着零食、看着电视。

一股怒火感觉将从胸腔中喷涌而出，我想起这个问题早已提醒她多次，为什么越大越不懂事，不知道为父母分担一点家务呢？

问题究竟出在哪里？我该如何解决这个问题？我一边努力忍住脱口而出的唠叨，一边想起正面教育中提出的：当遇到教育孩子的挑战时，我们应该庆幸，和孩子一起成长的机会又来了。

这样一想，心中的怒火也慢慢地熄灭了，我深呼吸了几下，定了定心神，决定先运用之前在家庭教育培训中了解的非暴力沟通语言试试，于是我语气温和地说："女儿，看到门口那两只脏袜子和沙发上的脏校服，妈妈心里很难受，因为我一直希望家里保持整洁，你是否愿意把这些衣物放进洗衣机呢？"

平时听惯了我的抱怨和唠叨，看到我这样的态度，女儿马上识趣地关了电视，乖乖地按照我的要求去做了。

晚上和孩子爸爸聊起了白天的事情，孩子爸爸也有同感：不知从什么时候开始，她越来越不爱参与家务劳动，是因为我们责备她洗碗洗菜浪费水又洗不干净吗？或者是她有时想帮忙做事，却被责备做不好？还是我们总是不停地催促她赶紧学习，不要管其他事情导致的呢？

经过冷静分析后，我们也找到了自身存在的问题，我马上想到了正面教育中的家庭会议，我提出要在家庭会议上讨论解决做家务的问题。因为正面教育中提出：没有什么事能比让孩子参与问题的解决更能引起他们的兴趣。

在每周例行的家庭会议上，我和孩子爸爸并没有一开始就提出让她做家务，而是客观分析了近期我们家的情况。我们的工作都比较繁忙，可能对她的照顾和家务事上没有花太多的精力，但家里的整洁还是需要保持的，我们和孩子商量：有没有好的办法来解决？

果然，没费太多劲，她就爽快地表示，可以分担一些家务劳动。

我马上提出用头脑风暴的形式把家中她可以参与的家务劳动记录下来。她更兴奋了，一口气说出了扔垃圾、洗碗、拖地、收衣服、整理房间等10多项家务劳动，并自信地表示这些家务劳动她肯定能完成。

我感谢了她对我们工作的支持和勇于承担责任的精神，同时也明确地表示我们家长应该承担的责任和任务，她每天只需要选择一项去完成就可以了。最后还是她提出想做一个"家务劳动选择轮"，在上面写上需要完成的家务，中间钉了一个灵活旋转的指针，并约定每天转到哪项就做哪项。我和孩子爸爸也欣然同意。

女儿兴奋了整整一个星期，每天自觉地选择，认真地完成，还把这件事写进了作文，老师也大为赞赏，极力在班级中推广，而我和孩子爸爸也会把她做家务的视频或照片发到家庭群，家里的长辈都夸赞她的懂事和能干。她十分得意，每天做得积极又开心。可这样的新鲜期只保持了一个月左右，她就开始倦怠了，因为这些重复的家务劳动确实没有看课外书、看电视有趣，甚至有好几天她都懒得去转选择轮了。

我看着她的这些变化，并没有做出过多的评判和指责。在家庭会议中，我和孩子爸爸照例感谢她为这个家做出的努力和贡献，同时也把这些问题提出来了，并温和地说："女儿，你如果不去转选择轮，我就当你要做所有家务。"她一听着急地跳起来说："太不公平了，我不想做了！"

我故意语气迟缓地说："其实，如果你实在不想做，也有办法。"她急忙问是什么办法。我说："拿出你的零花钱，请我和爸爸帮你做呀。"她诧异又有点恼怒地一口回绝。我又把问题抛给她："那你觉得该怎么办？"

让孩子参与到家庭决策中，会让孩子感到自己被充分重视，更有助于培养孩子的家庭责任感。

女儿沉思了片刻："我不想玩选择轮了，我每天自己定要做什么家务。"我和孩子爸爸马上同意了，但告诉她："你还得把今天选择的家务做完。因为这是我们一起的约定，你一旦同意，就得执行。"她看到我们温和却坚定的态度，只好去完成没做的家务劳动。

实施效果

后来，我们发现，女儿时不时都会提出新的家务劳动选择方案，每次我和她爸爸都会尊重她的选择，按照她重新提出的家务劳动的选择方式去执行。虽然每次新的方式她所承担的家务劳动并没减少，但她都能自觉地完成，偶有遗忘时，我们也只是温和地提醒，并不催促或帮她完成。她感受到了我们的态度和立场，也在这一段做家务的体验中感受到了家长对这个家庭的付出，渐渐地也就乐意自觉遵守了。同时，我和她爸爸也经常对她表达真

诚的感谢，让她找到了在家庭中的归属感和价值感。

现在她已经在做家务中找到了乐趣，例如：可以边听音乐或故事边做家务，也可以录制劳动小视频发个朋友圈，获取大家的点赞。甚至有时她还会批评我们没能及时把桌面整理干净呢。我们也乐意在她面前示弱、露短，让她在家务劳动中越来越自信，越来越享受做家务带来的成就感和幸福感。

作 者 信 息

姓　　名：陈丽平　　　　　　单　　位：广州市天河区沙河小学

"请让我决定！"

行为关键词：想逃课

运用正面教育理念：

1. 孩子的首要目的是追求归属感和价值感。

2. 纠正行为之前先建立连接。

运用正面教育工具：

1. 儿童行为背后的错误目的表。

2. 共同解决问题的七个步骤：开始谈话—倾听孩了的想法—说出自己的感觉—感谢孩子—启发孩子解决的方法—选定解决方案—约定回顾时间。

行为分析

　　小学高年级的学生自我意识开始逐渐觉醒，希望摆脱成人的控制，追求独立和自主选择的权力，家长若不能及时放权，尊重孩子，就易引发矛盾，甚至将孩子的反常行为进行错误归因，无法真正解决问题。找到孩子"想逃课"这一错误行为背后的真正原因——寻求权力，并与孩子共同解决问题，这有助于建立良好的亲子关系，更利于培养孩子独立自主的品格和解决问题的技能。

情景案例

　　小雨是我的外甥女，从小就活泼伶俐，现在小学五年级了，品学兼优、自信大方，是个人人都喜欢的小姑娘。小雨的成长一直按部就班地向着既定的方向走。直到周五傍晚，突然接到表姐的电话，她慌乱地告诉我小雨想逃课，希望我周六去她家一趟。

　　原来，小雨月底要参加钢琴比赛，老师希望她每周日加练一节，但是小雨却坚决不同意，周三、周四晚上的常规课敷衍应对，周六下午的常规课要逃课，甚至扬言要弃赛。表姐觉得小雨是不肯吃苦、怕失败，所以态度也很坚决，一定要求她上课、加练，比赛更要全力以赴。于是，母女俩爆发了小雨出生以来最激烈的一次争吵。

　　周六一进表姐家门，我就感受到满满的"低气压"。因为时常带小雨出去玩，小雨很喜欢我这个小姨，所以在送她去上钢琴课的路上，她只是侧头看向远方，沉默不语。"其实，跟妈妈吵架，你也很伤心，也并不是真的要逃课、弃赛，对吗？"我首先打破了沉默，并且根据我对小雨的了解，猜测她的内心感受。小雨没有回应我，也没有否定我的猜测。

　　见状，我继续真诚地表达我的感受："我很理解你，平时的课业学习已经很紧张了，课余还要学钢琴、练舞蹈、学奥数，周末也没有时间休息。周日你也只是想做点自己喜欢的事情，好好放松一下。小雨，你知道吗，在小姨心中，你一直是一个追求上进的孩子，自律、自信，有时候小姨都在心里暗暗佩服你呢。所以，我觉得你并不是怕吃苦、怕失败。"小雨听完有些不好意思地说："小姨，其实我也不是单纯想玩，我也很喜欢钢琴，只是我想参加学校无线电测向队的选拔，但是妈妈不同意，觉得我是在为逃课找借口。"

"啊，看来这件事情很复杂，谢谢你跟我分享你的想法，但是上课的时间就快到了。"我向小雨提出有限的选择，"你想上完课就谈谈呢？还是晚饭后我们再心平气和地找你妈妈一起谈呢？但是无论怎样，小姨都相信你可以做出聪明的选择。"小雨此时已经回归平静，恢复了往日贴心懂事的模样，一脸认真地说道："妈妈下午要加班，还是晚上再说吧。"

看着小雨走向教室的身影，我在心里思索，小雨"想逃课"的反常行为背后的目的是什么。根据"错误目的表"，小雨应该是"追求权力"，希望通过对钢琴课的消极对抗，赢得自主决定课余生活的权力，表姐的"应战"行为也证实了我的猜想。于是，我将"错误目的表"和"共同解决问题的七个步骤"这两个正面教育的工具的图文发给表姐，告诉她小雨是希望我们相信她的选择，并让她今晚按照这七个步骤去解决问题。

晚饭后，我见小雨和她妈妈都情绪平稳，就拉她们一起坐到沙发上，郑重其事地清清嗓子："有请今晚家庭会议的主持人——小姨，闪亮登场！"母女俩被我逗乐了。我顺势边做手势边说道："我们一起坐下来谈谈小雨'想逃课'的事情吧！"小雨小脸一红，表姐马上纠正道："是练琴和学无线电的事。"小雨听完马上转头看向她妈妈，似乎心里在想难道妈妈同意了？我见母女俩已经建立了情感连接，就直奔主题，说："是的，我希望咱们能一起找到解决办法。你们愿不愿意谈一谈？咱们都保证不互相指责，好吗？"

母女俩点头同意，我看着小雨，真诚地发问："对这件事你有什么想法？你的感觉是什么？"小雨也坦诚回答："大家都知道我喜欢航天，尤其当我知道无线电测向仪可以测量无线电发射台所在方位，我就非常感兴趣，正好校队在招募新生，我很想去试试。我也知道课余时间已经安排得很满了，所以想减掉一节钢琴课，改成去学无线电。"听孩子说完，我请表姐用"有效倾听"的方式重复孩子的话。

接着，我问孩子："你想不想听听妈妈的感觉是什么？她的感觉可

能和你的不一样，这很正常，每个人的感觉都不一样。"然后，我请表姐诚实地告诉小雨她的感觉。"我觉得没有必要学一门全新的知识，你的时间和精力毕竟有限，况且你的钢琴水平已经到英皇7级了，完全可以更上一层楼。"表姐说完，我也向小雨表达了我的感受："其实我也想让苗苗表妹长大后像你一样学一种乐器，不求她能当个音乐家，只希望她有一个特长，在心情愉悦或难过的时候，可以通过音乐传达她的感受，就算是情感宣泄的途径吧。"小雨听后眼睛亮晶晶地看着我，看来我说出了她的心声。"小姨，我也是这样想的，我不想当钢琴家，我觉得我会听、会弹就可以了，没必要非要考到10级或拿个金奖回来。"

说完后我和表姐一起感谢孩子："谢谢你听我们说，也谢谢你告诉我们你的真实感受。"

我又问小雨："要解决这个问题，你觉得你能做些什么呢？"

其实，小雨这几天一直在思考这个问题，她从口袋里拿出一张经过头脑风暴后想出的解决方案，上面写了一些办法，有些还打了"×"。表姐专注地看着这张解决方案，思忖良久，在"每周学2节钢琴、1节无线电"的方案里打了"√"，并说道："妈妈尊重你的选择，也支持你学习无线电，但是月底的比赛要完成，不要辜负这段时间的辛苦练习。"

小雨开心地蹦起来，同时表示每天要加练一小时，争取月底钢琴比赛取得好成绩。

"下次再遇到矛盾，可以怎么做呢？"我向母女俩提问。"请小姨召开家庭会议。"小雨应声答道。表姐则向我挥了挥手机，我知道她指的是"共同解决问题的七个步骤"。

最后，在我们的互相致谢中，家庭会议圆满结束，小雨也决定明天下午的加练不逃课。

实施效果

　　表姐一家有着民主的家庭氛围，小雨本身是一个讲道理的孩子，孩子的逃课行为看似异常，其实是在寻求独立和自主选择权、寻求价值感，符合孩子的身心发展特点。于是，在判定了孩子错误行为背后的真正目的后，可以使用"共同解决问题的七个步骤"解决问题，不仅父母可以使用，其他家庭成员也可以灵活运用，同时站在局外人的角度，也能更加理性客观地给予建议。

作 者 信 息

姓　　名：张旭阳　　　　　　单　　位：广州市天河区华阳小学

从"挑食大王"到"美食达人"

行为关键词： 挑食，不爱吃饭

运用正面教育理念：

1. 孩子的首要目的是追求归属感和价值感。

2. 关注问题的解决，而非让孩子付出代价。

3. 孩子感觉好的时候，表现才会好。

运用正面教育工具：

1. 家庭会议。

2. 有效地跟进执行。

3. 鼓励。

行为分析

2022年《青少年学生饮食的调查报告》显示，80%的学生不喜欢吃蔬菜，50%的学生不喜欢喝牛奶、吃鸡蛋，85%的学生不吃一点肥肉，95%的学生喜欢吃肉类、巧克力和膨化食品，90%的学生吃的食品单一，每天不到10种。挑食会影响到孩子的健康成长和身心发育，而且对于孩子的智力和身高也有很大影响。

现在中小学生普遍存在的偏食、挑食问题，其实是一种心理障碍，其根源在于家庭。正面教育告诉我们：孩子所有的行为都是内在需求的一种表达，孩子的每个不当行为的背后，也许都隐藏着一个未被满足的需求，我们要去发现它、满足它。了解孩子的内在需要，让孩子参与到家庭饮食的安排甚至制作中来，激发他们对食物的兴趣。看到他们的点滴改变，及时鼓励跟进，引导孩子养成健康的饮食习惯。

女儿从幼儿园到小学每次体检都显示营养不良，她的饮食成了我们家的"老大难"——挑食、只吃蔬菜不吃肉、吃得慢、食量小、不喝水。为了让她能好好吃饭喝水，我们想尽办法：看医生、吃益生菌，她能每天坚持吃益生菌，但食量依然没有变化；用她喜爱的玩具、活动来勾引她，她宁愿不要玩具，不参与活动，也不愿多吃多喝；邀请特别能吃能喝的小朋友一起吃饭，借此来带动她，结果不是她把自己的饭菜都让给其他小朋友吃，就是那个小朋友和她一起挑食、不吃饭；我尝试了各种菜谱，学着做各种点心，可她只是吃几口就不吃了；有人说孩子运动量大、消耗多，胃口会好一些，她每天运动一小时以上，快乐得像只小鹿，但就是不愿吃饭。

随着孩子长大，因挑食不爱吃饭这事引发的矛盾越来越激烈，女儿也成了一个"挑食大王"。原本吃饭是一种享受，可在她这却成了一种负担和压力。身为教育者的我，担心这样的情况导致孩子可能会变成"厌食大王"，我越来越焦虑。

接触正面教育后，我察觉到自己对待孩子吃饭的方式是有问题的，我和孩子爸爸进行了全面的分析和讨论，反省了我们自身的问题。我们平时的确过度关注孩子的饮食，尤其是我，甚至有些焦虑，从而让她把吃饭当成了一种压力和折磨。孩子只有感觉好才能表现好，一个对吃饭只感受

到压力和折磨的孩子，怎么可能爱上美食？但事已至此，我们该如何重新激发孩子的食欲呢？我想起曾看过一段对话："为什么爸爸妈妈不挑食？""因为买的都是他们爱吃的菜。"我们也可以让孩子有买菜的决定权，甚至还可以让孩子参与到家庭事务中，这样她不仅有选择权，而且还能增加孩子对家庭的价值感和归属感。孩子的一切不当行为背后很可能都是为了寻求价值感与归属感。如何让孩子能有效地参与到家庭事务中来，我想到了正面教育中的"家庭会议"。

为了避免女儿的抵触，我决定用学习的正面教育作为突破口。我找女儿商量："我学到一个新的方法——召开家庭会议，导师要求在家实践，需要你和爸爸的配合。你愿意配合妈妈试一次吗？"女儿思考了一会儿便答应了，我跟他们讲了大致的会议流程，在确定主题时，我说"民以食为天，那我们先从制定一周菜单开始，可以吗？"孩子爸爸最先举手同意，女儿也跟着慢慢举起手，我们家第一次家庭会议就这样开始了。

首先，我先示范致谢，感谢女儿和孩子爸爸能配合我的学习，让我有机会将学到的东西在家里进行实践，女儿感谢我和爸爸为她付出，孩子爸爸感谢我和女儿让他在工作后回家可以享受温馨的家庭生活，同时感谢我们能为家庭变得更和谐而出谋划策。

接着，我们开始评估我们家以前的菜单。孩子爸爸认为："比较随意，想到什么就买什么，没有计划，也没关注营养平衡。"我觉得："菜类比较单一，没什么选择。"女儿说："难吃，很多时候都不是我爱吃的菜。"

然后我就提出这次家庭会议的议程：首先制作出营养均衡的一周菜单，我们一家三口开始头脑风暴想解决办法。女儿刚开始还有点不敢发言，我们假装没看见，继续我们的议题，慢慢地，她发言越来越多。我们先各自提出一些想吃的或喜欢的菜，我做记录；然后再进行荤素搭配及种类选择；接着一起决定用什么方法烹饪。这样我们家第一周的菜单就做出来了。为了让我们家的饮食更合理，我们还进行了分工，女儿选择了查找均衡饮食的资料及食物搭配的工作，我和孩子爸爸负责采购与烹饪。

会议的最后一个环节，女儿上网选择了一个比较简单易做的点心——番薯饼，她读菜谱，我和先生按照"指令"手忙脚乱地尝试，女儿觉得我们太"笨"，也加入到制作当中。当番薯饼出锅那一刻，我第一次从女儿眼中看到了因食物而发出的光……

从那以后，每周日晚上成了我们固定的家庭会议时间，会议内容从一周菜谱到家庭的各种事务决定。

家庭会议让女儿参与到家庭饮食决定和制作中来，查找均衡饮食的资料及食物搭配丰富了女儿的健康饮食知识，慢慢地改变了她的饮食观念。但我深知后面的跟进也很重要，因为以前的做法给女儿留下太多不好的印象，我还采用了以下几个方法：

（1）及时鼓励。通过观察女儿的饮食习惯，看到她好的改变，及时鼓励。"丫头，妈妈观察到你刚刚吃了鱼肉，你开始会选择健康的食物了。"……

（2）赞美食物。无论吃什么食物，吃之前我都会夸张地赞美一下食物："哇，这菜闻起来好香啊！""这菜色香味俱全啊！""一看到这么美味的菜，我的口水就流出来了！"……我的赞美，慢慢也印入了女儿的脑海里，她开始写文章介绍我们家的特色菜——卤豆腐，这道菜成了我们家招待客人的一道拿手菜。

（3）分享食物。每当我们家有新菜品的时候，我就鼓励她和朋友分享，小朋友都觉得别人家的菜好吃，久而久之，我们家的菜在她的朋友中小有名气。她有个朋友出国留学，一回国还特意来我家吃饭，说在国外特别想念我家的菜。朋友们的肯定更加激发女儿对美食的兴趣和热爱，她不仅会搜索资料，整理好菜谱，还不断探索新的菜式，成了她朋友圈里的"美食达人"。

（4）策划宴席。逢年过节，我们都会开家庭会议决定菜单，慢慢地我就全权交给女儿设计、安排，我们配合她。让"美食达人"有充分的锻炼和展示机会。

实施效果

　　明白了孩子的饮食习惯是在家庭影响下养成的，而孩子的行为很可能就是为了寻求价值感与归属感，我和孩子爸爸调整了教育方法，和孩子一起召开"家庭会议"。我们坚持跟进、及时鼓励，让"家庭会议"成为我们家的惯例，让孩子分享自己的劳动成果，孩子不仅从"挑食大王"变成了"美食达人"，从小学的营养不良到高中172CM的身高。最重要的是，因为"家庭会议"，她成长为一个有主见、有责任感、有担当的"领导者"，做过班长、学生会主席，成功主持过各种大型活动。

作 者 信 息

姓　　名：隆峰　　　　　　单　　位：广州市天河区汇景实验学校

13—18岁

家庭正面教育

如何帮助孩子提升自驱力

行为关键词： 不积极、不主动，缺乏内驱力，对学习提不起兴趣

运用正面教育理念：

1. 尊重与平等、和善与坚定并行，不骄纵不惩罚。

2. 孩子的首要目的是追求归属感和价值感。

3. 孩子感觉好的时候，表现才会好。

运用正面教育工具：

1. 启发式语言。

2. 鼓励式语言。

行为分析

"小学成绩优异，初中一落千丈"，这种情况在许多家庭中都有出现，让无数家长伤透脑筋。初中的课程由小学的语数英三门增加到七门，各学科知识点难度也提高了。新的环境、新的人际关系以及青春期带来的容貌变化，都让刚上初中的孩子产生巨大的压力。如果不能适应这种变化，就容易出现学习掉队的情况，甚至还会使孩子产生厌学情绪，自暴自弃。

正面教育的核心目标是把孩子培养成具有"七项重要的感知力和技能"的人，当一个孩子行为不当，开始"躺平""摆烂"时，这表示他对自己丧失了信心，无法感知自己的能力，也找不到自己的价值。面对这样的情况，父母需要理解和接纳，用鼓励和启发式的语言，帮助孩子找回对生活和学习的掌控感。

情景案例

升入初中后，陌生的学校环境，新的老师和同学，还有突然增多的学科，让珊珊产生了极大的焦虑，对学习也有了抵触心理，甚至想要"摆烂"。

每天早上起床时、晚上睡觉前，孩子都要反复念叨："我不想上学，能不能不上学？"有一次，她看到一家食肆的招聘广告，服务员月薪4500元还有社保，她觉得挺不错，多次在家里提到，如果考不上高中，可以去打工。或者不要那么卷了，反正也可以找到保底的工作。面对这种情况，做妈妈的自然非常担忧。

相信很多初一年级学生的家长也会遇到这种情况，究竟怎样才能帮助孩子建立自主学习和自我驱动的能力呢？

首先是接纳。面对孩子的负面情绪和"摆烂"状态，父母需要关注和接纳，不要过多评判。听到珊珊自暴自弃的话，我感到非常焦虑。但为了避免再引发她更多的不良情绪，我选择沉默，安静地陪在她身边，晚饭变着花样做她爱吃的菜，和她讨论学校里发生的趣事，睡前给她按摩……作为一名人力资源师，我深知现在就做"不上高中，直接出来打工"的选择还太早，孩子还有更多的不同的机会体验人生。但我没有反驳她，而是克服自己的焦虑，用"哦，这样啊！"等语言回应着。

直到有一天，当我告诉她我最近一次培训课程的收费时，她感叹道："妈妈，我觉得你真厉害！""是啊，当你有了能力，你的选择就多

了。"我趁机说道。此后，她再也没有提过"上完初中就去打工"的话。

其次是给予足够的支持和反馈。了解到珊珊面临着学习、人际关系等多方面的压力后，我和孩子爸爸每天都会利用各种时间听她分享自己的日常，并积极回应。

"我们班21个女生，我就是那个落单的。"

"哦，那有谁是你想要成为朋友的同学吗？"

"我觉得小宇挺不错，我们小学都在舞蹈队，早就认识。我觉得她值得信赖。"

"太好了，那做些什么能让她感受到你想和她成为朋友呢？"

"她快过生日了，我准备了礼物。"

七年级的上学期，学习问题都是她自己应对。面对期末考试的"滑铁卢"，她一方面觉得要有所提升太困难，想放弃；一方面又不甘心做失败者。在这个时候，孩子爸爸重新拿起课本学习初中的知识，并根据女儿提出的问题"备课"。做初中数学老师的大伯也为她准备了各类习题集。

下学期期中考试，她的总成绩进入了"A"的行列，这给了她极大的信心。我作为家中的"气氛担当"，专门组织了庆祝会，不仅有大餐、有礼物，还有红包。孩子感觉好的时候，表现才会好。珊珊非常开心："爸爸的辅导还是很有效果的！我要继续加油！"

再次是建立积极的学习氛围，行大于言。每天晚饭后，在珊珊看电视的时候，孩子爸爸就拿出她的数学、英语作业，或者其他七年级的相关练习，进行"备课"。约定的看电视时间到了以后，我在一旁阅读或者做课件，她和爸爸坐在桌前开始学习。

"宝宝，这道题做得很好，你能给我讲讲你的思路吗？"

她得到了鼓励，马上眉飞色舞、比手画脚地开始讲解。接着爸爸再提出问题，两人共同探讨。学习结束后，一家人外出散步，分享日常生活的所见所闻。

　　我和孩子爸爸的职业经历都有很大的学科跨度，日常也保持阅读、写作和分享的习惯，这是珊珊一直引以为傲的一点。身教大于言传，当孩子爸爸捧着英文原版图书阅读的时候，当我为了某个课程准备到深夜的时候，她看到了"终身学习"的榜样，也相信学习是一件快乐的事情。所以无论是最初的焦虑状态，还是现在的平稳过渡，她都能保持良好的学习习惯：上课注意力高度集中、作业及时高质量完成。

　　期末考试快到了，她自己制订了复习计划，并每天打卡。我问她："白天在学校那么忙，你是怎么做到每天推进你的计划的？"

　　"早上早到一会儿，中午饭后抽出10分钟，下午自习课抓紧时间。我发现时间还是很充裕的！"她非常自豪地说。

　　"哇，你自己就掌握了高效利用时间的方法。"

　　最后，启发孩子树立目标和激励自己。珊珊从5岁开始就跟着我参与公益活动，见到了许多的公益人，也看到了边远地区的现状，在她8岁时确立了"做一名支教老师"的人生目标。为此，她和同学一起组织过捐书活动，募集了2000多本图书，自行整理打包发往贵州。同时她坚持学习舞蹈和乐器，想为山区孩子带去专业的音乐课堂。

　　面对初中遇到的挑战，她开始焦虑，看似平淡地给自己规划："我觉得我可以参加艺考，艺考对文化课的成绩要求没那么高。"但是每周多上一节舞蹈课的行为只坚持了3周又被放弃了，理由是太累了。

　　"艺考需要什么条件？"

　　"跳舞好呀！而且参加艺考不需要很高的文化课成绩。"

　　"哦，多一种选择也不错。但我听说现在高中生才可以参加艺考，面对这种情况，你打算怎么做呢？"

　　"那我就先考高中，再参加艺考。"

　　她一边做两手准备，一边坚持接受爸爸的辅导。慢慢地，她对自己考上高中有了些信心，但不确定能不能考高分，于是给自己找了一个台阶

下："我高中还是上本校吧，录取分数是600多分，那些重点学校要700多分，我不一定能考上，也不想离家那么远。"

"如果你考700多分，可以上名校，但你选择不去，还是在本校，你觉得会怎样？"

"那我不是牛气得很！"她一下子笑了，仿佛看见了那一刻的场景。

实施效果

　　珊珊在小学担任大队长，获得过省、市各类奖项，有着远大的目标。上初中后，面对学科的增多，她本能地产生了畏难情绪，想要退缩。面对这种情况，我们坚持"尊重与平等、和善与坚定并行，不骄纵不惩罚"的理念，一面接纳她的情绪，一面帮助她提高学习成绩。不管孩子处于什么状态，都需要完成每天的探讨任务，但可以在任务量上进行适当调整。

　　孩子的首要目的是追求归属感和价值感。珊珊虽然○○声声说自己已经获得了省级奖项，并不在意现在的学校奖项，但能够在各项活动中崭露头角，为班级争得荣誉，得到老师和同学的认可，是每个孩子在学校获得价值感的有效方法。我们鼓励、支持她积极参加学校的各类活动，加入学生会，参加朗诵比赛，在运动会开幕式上演出，完成手抄报、社会实践作业、科技节报告……现在，她已经是学校的"名人"了。

　　孩子感觉好的时候，表现才会好。虽然珊珊有时还会在晚上的辅导中闹情绪，也会因为体育课太累抱怨几句，但每周五下午一家人的"特别时光"、每逢节日收到的鲜花礼物，还有天天都听得到的"彩虹屁"，让她始终相信自己就是最棒的孩子！

　　现在，她已经坚持和爸爸一起讨论数学、英语习题160多天了；她和校民乐团的同学表演的一曲《权御天下》获得了天河区文艺比赛的二等奖；在班上也有了稳定的朋友；重拾自信后，她还树立了新的学习目标。

作　者　信　息

姓　　名：高丽萍　　　　　　　　单　　位：广州奥林匹克中学

从同伴交往的困扰中成长

行为关键词： 同伴冲突，社交能力弱

运用正面教育理念：

1. 孩子的首要目的是追求归属感和价值感。

2. 关注问题的解决，而非让孩子付出代价。

运用正面教育工具：

1. 共同解决问题的七个步骤：开始谈话—倾听孩子的想法—说出自己的感觉—感谢孩子—启发孩子解决的方法—选定解决方案—约定回顾时间。

2. 赋予孩子自主权：教导生活技能—着重于问题解决—信任孩子—放下—增长自我认知。

3. 运用"我句式"。

行为分析

　　同伴冲突是青春期孩子常见的困扰，话不投机、意见不统一、见解不一致、目标不同、需要不同、寝室中作息时间不一致、个人物品被擅自使用，有时候甚至仅仅是对某个同学的言行举止看不惯都可能造成争吵和冲突，这是他们社会化的一个过程。在这个过程中，如果家长可以恰当引导，帮助孩子在冲突中运用资源、方法有效地解决问题，不仅可以减少孩

子的困扰，而且能让孩子在冲突解决中认识到自己的价值，找到更好的与同伴相处的方式，提升人际交往能力和社会问题的解决能力，增强归属感。

"咚咚咚，咚咚咚……"，下午5：30，急促的敲门声响个不停。

我连忙问："谁呀？"

"我，这个时候还能有谁？"女儿不耐烦的声音从外面传来，隐隐透着闷闷的、隐忍的哭泣声。

我连忙打开门，看到女儿背着书包、低着头走进来，迅速脱了鞋就走进房间关上门，让我来不及看清她的表情，也没有和她说上话。

看到女儿这样，我有些担心，隐约猜到可能是和小伙伴闹矛盾了，因为近两个月以来她们的矛盾时有发生，每次女儿的情绪波动都很厉害。为此，我多次想和女儿好好谈谈，可女儿都不愿意。虽然我很担心，但出于对女儿的信任和尊重，我也没有向老师、同学去了解，而是等待女儿主动和我分享。看到今天女儿的状态，我暗暗下决心，这次一定要好好和女儿沟通，看看到底发生了什么。

同伴关系对初中孩子有着至关重要的作用，正面教育告诉我们，孩子的首要目的是追求归属感和价值感，作为父母要好好帮助孩子建立同伴关系，找到归属感。

我脑海中浮现出正面教育中的"共同解决问题的七个步骤"，并根据我们家的具体情况进行运用：和孩子建立好关系、打开话题、倾听孩子的想法、让孩子说出她的感受、感谢孩子的分享、启发孩子思考问题解决的方法、选定解决的方案和约定回顾时间。同时在问题解决中要赋予孩子自

主权，教导孩子人际交往的技能并放手让孩子去做。

庆幸的是，吃晚饭时，女儿从房间出来了。她的情绪平复了很多，微微低着头，眼睛有些许红。

首先，我要和孩子建立好关系。看到女儿出来，我故作轻松地说："乐乐，今天烧了你最爱吃的小龙虾，为了让土豆更入味，我特意烧久了一点，你看，小龙虾外面裹着一层土豆泥，妈妈看着都馋。宝贝，快吃吧。"

听我这样说，她眼睛又红了一些，微微笑了一下，给我夹了两个小龙虾后，她也吃了起来。

晚餐气氛有些沉闷，但陪伴与等待也是打开话题的方式。快吃完的时候，她轻声地说："对不起，妈妈，让你担心了。"

我开始进一步打开话题，说："看到你这么不开心，妈妈很担心，能告诉我发生什么事了吗？"

乐乐："关于我的好朋友小惠，每次我们在一起都是小惠说了算，下课在哪里玩、放学是否一起走、周六日的外出活动……在学校里，我总是找小惠玩，但小惠会根据情况和不同的同学玩，我觉得自己在和她相处时一直很被动，有时候甚至要刻意讨好她。今天下午也是如此，小惠想放学后早点回去，我想和她一起在操场跑5圈再回去，小惠不愿意就自己回去了。"

我耐心倾听孩子的想法，目光一直注视着她，时不时点点头，让孩子感受到我的关注和支持，同时让女儿说出她的感受。

乐乐："妈妈，我非常难受，总是患得患失。记得上次我身体不舒服，小惠要跑步，我就在旁边等着她跑完了再一起回来。为什么我付出这么多，她就不肯多考虑一下我？我感觉自己的付出很不值得，又不知道怎么办。这些天因为和小惠的关系，我一直很不开心，有时候甚至无心学习，觉得很委屈，也觉得自己很没出息，为了一个不是很在意自己的人受到这么大的影响。今天能够和妈妈说一下，我感觉轻松多了。"

对女儿全然的信任与分享，我表达了自己的感谢："乐乐，感谢你和妈妈分享你的困扰，妈妈终于不用盲目猜测了！"

我启发孩子思考问题解决的方法："你说感到了委屈、不值？"

乐乐："是的，妈妈，我知道在和她的相处中我一直很被动，但是我有点舍不得，因为她是最理解我的朋友，和她在一起我很开心。"

我继续问道："有没有更好的办法，能帮你减少委屈，又能享受和小惠在一起的快乐？"

乐乐："妈妈，我决定今后要坚持自己的想法。如果遇到我真的不想做的事情，我可以拒绝，同时我也可以向小惠表达我内心真实的感受，比如今天我的委屈她不知道，明天我要和她说。还有，她有很多朋友，除了我以外可以有很多选择，我也要去交一些新朋友。"

我继续引导："孩子，今后向朋友表达拒绝时你要怎么说呢？今天的感受明天你要怎么向她表达呢？"

面对我的问题，女儿有点不知所措。

于是我尝试教导女儿学习人际交往技能，教她用"我句式"去拒绝和表达感受，选定解决的方案："我不能和你一起＿＿＿＿＿＿（行为），因为＿＿＿＿＿＿＿＿（原因）"，"我感到＿＿＿＿＿＿＿＿（情绪），因为你＿＿＿＿＿＿＿＿（原因或事件）"，并扮演小惠，和她一起练习。

接着，我再次启发女儿："你觉得身边的同学当中，还有哪些同学可以当你的好朋友？"

她想了想，说："我的前桌很善良，离我也很近，我们有很多接触的机会，她和我一样喜欢画画，每次小组讨论我们俩都配合得很好，她也经常主动找我一起玩，但我怕失去小惠，每次都拒绝了。现在想想，我也可以多找她玩玩。"

"那你打算怎么做？"

乐乐："以后，我可以多主动找她玩。"

我肯定了女儿自己想到的好办法，鼓励她大胆去实施。此外，我还和女儿约好每天晚餐时来分享她和同伴交往的方式、感受，偶尔通过启发式提问帮助她寻找更好的同伴交往技巧。

实施效果

慢慢地，女儿不但和小惠相处得越来越好，而且在半年内交到了3个新朋友。

在和女儿一起处理关于她与同伴的交往事件中，我切实体会到正面教育帮助孩子寻找价值感和归属感、关注问题的解决的理念价值与意义。我亲身实践了和孩子"共同解决问题的七个步骤"过程和赋予孩子自主权两个工具，取得了显著效果。现在女儿已经很少为在同伴关系中的被动而烦恼了，学业成绩也上了一个新台阶。她在新学期的班委竞选中当上了副班长，还主动参加学校辩论会。看到女儿越来越自信，作为妈妈的我感到由衷的欣慰。

作者信息

姓　　名：崔丹　　　　　　　　　　单　　位：广州中学

孩子成绩不理想，我这样做

行为关键词： 对学习失去信心，拒绝沟通

运用正面教育理念：

1. 孩子的首要目的是追求归属感和价值感。

2. 纠正行为之前先建立连接。

3. 关注问题的解决，而非让孩子付出代价。

运用正面教育工具：

1. 积极的暂停。

2. 从错误中恢复关系的"四R"：承认错误—承担责任—道歉和解—专注于解决问题。

3. 日常惯例表。

行为分析

初中阶段，青少年会在学习上遇到很多新问题、新情况，诸如学习内容的变化、课程与作业的增多、考试中更加激烈的竞争、升学的压力等。初中阶段是青少年学习的关键时期。这一时期，青少年要不断调整自己的学习方法，提高自己的学习能力，以适应新的学习要求。但受其心理调适能力的制约，当学习上遇到困难或考试失败时，就会产生强烈

的挫折感。这种挫折感在青少年身上会产生比较突出的反应，如没有进行适当的调整，就会产生厌学情绪，甚至导致自信心的丧失，产生习得性无助感。

正面教育告诉我们：孩子在真实的世界里要找到属于他自己的价值感和归属感，当出现价值感和归属感缺失时，就容易丧失信心，面对挫折时容易一蹶不振。

情景案例

那一天跟平时无异，我来到校门口等待女儿放学，可是迟迟不见她的身影。当时针指向7点时，才看到一个熟悉的身影，低着头慢吞吞从学校里走出来。此时我心里的熊熊怒火在燃烧，已经不能很好地顾及女儿的感受。我们一个黑着脸，一个耷拉着脑袋，沉默地走在回家的路上。

等我的情绪稍微平复，我忍不住问："发生什么事了？"

"没事。"女儿小声地说。

"没事为什么这么迟才出来？"我语调虽有点不自然，但基本保持平静。

"今天下午，中段考成绩出来了，没考好。"女儿声音越来越小。

"哪科没考好？"我急切地问。

"都没有考好。你要做好被老师叫到办公室的准备。"女儿嘟囔说。

"什么？怎么会考那么差？你上课有没有好好听课？在家里天天让你好好做作业，你有做到吗？还有考前要你好好背政治、历史，你也不背，这样成绩不差才怪呢……"我越说越生气，语调也逐渐升高。此刻我完全被愤怒、担心的情绪影响了。

"是的，都是我不好！都是我的错！我很笨，我很懒，是我让你难堪！"女儿好像突然失去了控制，崩溃地说。此时的她早已经泪流满面。

我怔住了。我从来没有看到女儿这样的一面！

我正要说点什么，这时有个声音在我脑袋里回荡："请暂停！"很庆幸，正面教育理念及时制止了我：孩子感觉好的时候才能做得更好。

积极的暂停让我慢慢冷静下来。我回想起孩子上初中这半个学期来的点点滴滴。她曾经提到过班上很多同学在假期都预习了，上课显得特别轻松，而自己比较吃力；每天差不多都是新课，有点吃不透……除了给她说一些无关痛痒鼓励的话，她的反馈并没有引起我过多的关注，更没有给予实质性的帮助。孩子今天的成绩我也有很大的责任！

晚饭后，我来到女儿房间，感觉到她还没有完全从悲伤的情绪中出来。我计划先和孩子修复关系，建立连接。我决定用正面教育中的"从错误中恢复关系的'四R'"原则解决这次危机。

我坐到女儿对面，看着她的眼睛真诚地说："抱歉，今天做了个坏榜样，希望没有吓到你。"我故作幽默地说，希望活跃一下气氛。"不知道尊贵的小姐能否给老妈补救的机会？"

"哼！如果我说不呢？"女儿赌气说。我已经明显感觉到她语气柔软了不少。

"来吧！一抱泯恩仇。这个世界的恩怨就没有一个拥抱解决不了的，如果一个不行，那就两个。"我微笑着对女儿敞开了怀抱。

虽然女儿半推半就，但我知道她已经原谅了我。

"你有什么要跟妈妈说吗？我洗耳恭听。"此刻，我知道只有了解孩子真实的想法，才能解决问题。我打算要好好倾听孩子的感受。

"哎！"女儿深深叹了一口气说："这次考得实在太差了，出乎了我的意料。妈妈，你说你跟爸爸以前都是'学霸'，为什么我就没有遗传你们的智商，我怎么这么笨呢？"

"哦，何以见得？"我故作惊讶地说。我感觉到孩子因为开学以来学习上不顺利，再加上这次考试的失利让她价值感和归属感缺失，因而不能准确给自己定位。

"我们班的同学上课能很快回答老师的问题，我都还没有反应过来呢。我看到老师眼中都掩饰不住对那些同学的赞许和喜欢。他们就是老师眼中的白天鹅，而我就是那只可怜孤单的丑小鸭。还有呀，他们在学校就能完成大部分作业，我看他们学得好轻松。这差距也太大了。"女儿开始像小麻雀一样叽叽喳喳说开了。

"你感到沮丧和压力了，是吗？"我开始理解她的感受。

"是的！"女儿低着头说。"我觉得每一天上学对我来说都是煎熬，有时我想我能消失就好了。"

听到这一番话我心头一震，原来孩子承受着如此巨大的压力。孩子处在青春期，对周围的人的看法特别敏感。

我轻轻地拥抱了她，希望用全身心体会她的感受。我们什么话也没有说，就这样静静地过了几分钟。

"抱歉！妈妈没有及时给予你帮助！"我轻声地说。

"也不能全怪你，主要责任在我。"女儿小声地说。

我觉得现在是解决问题很好的契机。我打算用启发性的问题让孩子审视自己遇到的问题，看到问题的根源，制定解决问题的方案。

"那你觉得自己失利的原因是什么？"我问。

"我觉得自己还不够努力，不够认真。"女儿说。

"那你觉得自己怎样做才可以更好呢？"我问。

"我觉得每天做作业遇到不懂时多问你或爸爸，这样，我就可以掌握当天的内容了。"女儿若有所思地说。

"嗯，这个方案很好。我们乐意效劳。还有没有其他想法？"我肯定她的想法。

"我周末想安排一些时间，适当预习一下。"女儿眼里有点迟疑。

"这是很好的想法。"我赞许地说，"是否每天都可以尝试一下复习和预习，这样效果更好？"

"这恐怕有点难。"女儿面带难色地说。

"我有一个好方法，不知道你想不想尝试？"我故意卖关子。

"老妈，有好方法还不快说。"女儿略显兴奋地说。

"我们来制定一个日常惯例表，这样能有效管理时间，提高效率。这样就有更多时间用来复习和预习了。"我说。

"我试一下吧。"女儿轻声说。

接下来，我们一起头脑风暴，确定每一天的小任务，慢慢往前赶，在此基础上制定了一个可行的日常惯例表。

开始的几天，女儿很认真地执行日常惯例表。我也及时地鼓励她："你今天很认真地完成了作业，还预习了一点数学呢。"过了一段时间，可能感觉到进步不是特别明显，她又有点沮丧。但每次我都认真聆听她的感受，温和而坚定地支持她，让她感受到我的爱，然后我们一起不断完善日常惯例表，让它更贴合我们的生活。

再后来，女儿逐渐能从学校带回来一些好消息：今天上课我回答了一个数学问题；今天我英语单词听写全对了，老师还表扬了我呢……我感觉到她慢慢重拾了信心，重新找回了属于她自己的价值感和归属感。

"丑小鸭变成白天鹅啦！"当她期末考试取得比较大进步后，我调侃她说。

"路漫漫其修远兮，吾将上下而求索！"女儿坚定地回答我。

实施效果

　　每一个孩子天生都是积极向上的，努力追求自己的价值感与归属感。当孩子面对挫折陷入困境时，我选择用正面教育工具：首先和孩子共情，仔细聆听孩子的感受；经常给予孩子拥抱，让孩子感受到自己是被爱的，即使自己犯错误，也是被允许的。我带领孩子一起不断地完善并有效地跟进执行日常惯例表。在日常生活中遇到问题时，我们都会积极的暂停，我会适当用我的幽默化解危机。慢慢地，亲子关系越来越和谐，女儿也在一点点地进步。

作 者 信 息

姓　　名：黄玉平　　　　　单　　位：广州市天河区汇景实验学校

面对周末想"躺平"的孩子，家长可以这样做

行为关键词：没有学习的自驱力

运用正面教育理念：

1. 培养内驱力首要目的是引导孩子追求归属感和价值感。

2. 关系优先，纠正行为之前先建立连接。

3. 冰山理论，积极探索冰山下孩子的真实想法和信念。

运用正面教育工具：

1. 三明治法则：认同欣赏、肯定优势—指出问题或待改进的地方—支持信任、鼓励赋能。

2. 运用"我句式"。

行为分析

青春期是一个特殊的时期，但并非注定是一个困难的时期！

孩子进入初二下学期，面对生地会考、学习压力加大和身体发育加速带来的各种困扰，寄宿制学校的学生严格按照作息时间生活和学习，周末回到家中表现出的状态就是想"躺平"，没有学习的自驱力，特别是在完成老师布置的作业后，父母想让他多做一些提高自己弱势学科的试卷或练

习，孩子会想各种办法消极抵抗。一方面，孩子知道自己确实需要再花时间提升；另一方面，又缺乏动力，不愿意去做。因此引发亲子冲突。

正面教育告诉我们：青少年甚至比年幼的孩子更需要父母的爱，他们更需要安全感，需要确信没有什么可以动摇父母对他们的关爱——无论是他们的日益成熟、情绪起伏、不当行为，还是父母对他们所作所为的愤怒。表面上他们的表达是"我不要你管，别来烦我！"，其实冷静下来，心底却是在呼唤"不要抛弃我，不要不管我！"。

情景案例

儿子升初二了。为了提升儿子的弱势学科成绩，我们没有安排他去补习机构补习，而是在征得孩子的允许后，请来了自家重点大学毕业的表妹每周给他补习一次，补习完后的一周内做两套有针对性的数学试卷来巩固提升。

周末在家期间，原本一家三口各司其职、相处融洽，可面对新增的数学试卷，孩子却犯了难，迟迟不愿动笔，眼看周六即将结束，我和孩子爸爸都鼓励他克服困难，先完成容易的题目再一起面对难题。可没想到孩子爸爸再去检查时，发现他全部照抄试卷后面的答案，甚至还抄错了几处。面对儿子这样的不当行为，我保持冷静态度，及时积极暂停，孩子的爸爸则苦口婆心地与他沟通了一番，鼓励他克服困难。

其实每次遇到孩子的不当行为，我和孩子爸爸都会商量着共同面对解决，我们知道最健康的孩子与最健康的父母会形成一种权威的关系——温暖、坚定、坦诚沟通。家庭的沟通在绝大多数情况下是畅通无阻的，遇到问题时我会先管理好自己的情绪，不直接对孩子发泄不满，而是通过写信的方式，以每周四封这样的频率写给孩子，向孩子展示一个真实的、需要他也给予力量的妈妈。孩子的爸爸则会与他聊人生梦想、生活百态、体育科技等孩子感兴趣的话题。我们相信：青少年甚至比年幼的孩子更需要父母的爱，他们更需要安全感，需要确信没有什么可以动摇父母对他们的关爱——无论是他们的日益成熟、情绪起伏、不当行为，还是父母对他们所作所为的愤怒。

我们想着已经没有训斥孩子，网开一面后他应该会及时改正弥补了，可接下来，孩子的做法真是让我们大跌眼镜。孩子答应周日会认真完成试卷，因此我们还给了他自由时间进行放松娱乐。等到周日晚上，当我们再次检查数学试卷时，却发现孩子一题都没写！问他原因，他居然理直气壮地说："太难了！我不想写，我也不想再欺骗你们、欺骗自己而去抄答案。"

听到他这么"真诚"的表达，我和他爸爸都怒火中烧，我最为生气的是：我们这么民主、平等地与孩子好好说话，也愿意一起交流沟通，换来的却是孩子的不为所动、表里不一，明明答应好要努力上进，面对困难却缴械投降，用"摆烂""躺平"的方式蹉跎时间，真是"怒其不争"啊！所以，面对此情此景，很久没有动怒的老爸对他发了一通脾气，而我则是回到卧室关上门，狠狠地摔了小凳，发泄了一通情绪。

每当我感到束手无策、无力改变的时候，我就会从书本中寻找力量。有关正面教育类书籍，如鲁道夫的"挑战三部曲"、阿德勒的《自卑与超越》、韩凯平团队的《幸福的科学》和《非暴力沟通》都曾拯救我于"水火之中"。这次是劳伦斯·斯坦伯格的《与青春期和解》"救赎"了我。我急切地翻开书寻找办法，其中第1部分"最有效的家庭教育：爱与合理的要求"给了我答案：对孩子说出你的感受（我感到沮丧/生气/心烦……）比批评和指责他们（你只会想到自己）更有效。因为说出感受时，提出解决方案的人是孩子自己，掌控权在他自己的手里，相比之下，第二种说法会让他陷入两难抉择——屈服或反击。

对！我不能只是"一顿输出"或逃避退缩，而应该把自己的内心感受饱含深情地表达出来。那应该怎么说呢？运用正面教育的"三明治原则"和"我句式"：认同欣赏、肯定优势——指出问题或待改进的地方——支持信任、鼓励赋能；当你……（不带偏见地描述某种行为），我感觉……（表达你的感受），因为……（阐明这种行为对你造成的影响）。

于是，我在儿子准备入睡、状态有所调整时来到他的床前，温柔而坚定地看着他说下了这段话："在妈妈心里，你一直都是让我信赖的孩子，你很真诚地表达了你内心的真实想法，这一点我很佩服。但当你说自己就是想'躺平'，不愿意努力时，我真的很伤心，也很失望。因为你这样说让我感觉不到希望，你在需要奋斗、需要为梦想而努力的关键时刻选择放弃，我真的为你感到难过，希望你躺下后好好思考：是真的在学习上选择'躺平'吗？未来你要过怎样的人生呢？"

我等待他用实际行动告诉我，他的改变，哪怕是一点小小的进步也是可喜的。

实施效果

是的，越是遇到孩子给你带来困难和挑战，越要坚定正面教育，温柔而不乏坚定。第二天孩子放学回来，似乎所有的不愉快都已烟消云散，他很主动地告诉我："妈妈，今天各学科作业都有，非常多，但我很认真地完成了！"

我不动声色地问他："你哪来的动力呀？"

14岁的大男孩，微笑着看着我的眼睛："你的话起了作用呗，我认真思考了，我觉得在哪个时间节点就做好当下正确的事！"

"那妈妈给你写信，对你有帮助吗？"

　　"有啊，当然有帮助。"

　　"为什么？"

　　"因为我能知道你的心情，因为我很在乎你的感受！"听到这句话，老母亲的眼泪已在眼眶打转……

　　和善而坚定，让我们永远做孩子心灵的依靠，彼此理解，永远赋能，共同成长、进步！

　　　　　　　　　作 者 信 息

　　姓　　名：申瑶瑶　　　　　　单　　位：广州市天河区天府路小学

与青春期孩子双向奔赴的对话

行为关键词：不愿意跟家长多沟通

运用正面教育理念：

1. 孩子的首要目的是追求归属感和价值感。

2. 纠正行为之前先建立连接。

3. 确保把爱的讯息传递给孩子。

4. 尊重与平等、和善与坚定并行，不骄纵不惩罚。

运用正面教育工具：

1. 从错误中恢复关系的"四R"：承认错误—承担责任—道歉和解—专注于解决问题。

2. 家庭会议。

行为分析

　　青春期是孩子成长过程中一段重要且特殊的时期，他们逐渐开始独立，渴望获得自由、尊重，会越来越质疑周遭人的建议，即使是善意的建议，并试图摆脱父母的管束；同时，他们的能力并不能很好地解决这些变化带来的问题，因而在与家人的相处中表现为拒绝或者排斥与家人沟通。

　　正面教育告诉我们：孩子的首要目的是追求归属感和价值感，青春期孩子对想要达成的目的并没有清醒的认识，他们需要与人沟通交流，感受到自由与尊重，但其行为方式所产生的效果往往与其目的背道而驰。如果孩子感受不到自我价值感与尊重，就容易关闭与外界沟通的大门，独自面对成长的困惑。

情景案例

那天晚饭后，我端着水果进入儿子房间，刚开门就听到一声"出去！"，儿子的声音响亮还带着呵斥的语气，着实吓了我一跳，我犹豫了几秒，还是像往常一样准备将水果放在书桌上，"给你送水果来的。"。"走，出——去！"儿子的声音更大了，并将我的身体一把推开，水果都差点掉了。"好心给你送水果还这么凶！"我忍不住责备道。儿子听后突然站了起来把我推了出去，没等我反应过来，门"哐"的一声被关了起来。孩子爸爸见此情形，马上走过来吼道："给你送水果，还这样与妈妈说话，什么态度！"这时，我们听到房间里传来重重摔东西的声音，虽然看不到他的表情，也能感受到他非常生气。

我一直与儿子关系融洽，他突然用这样的态度对待我，让我的情绪瞬间跌入低谷。事后我冷静下来，也与孩子爸爸进行了讨论与分析。脑海里回想起正面教育的理念，突然醒悟——孩子长大了，正经历一个重要的个性化转变过程，他们在探索"脱离了父母的自己到底是谁"，他们对父母价值感的检验往往会表现为叛逆的行为，而家长还停留在原来的"宝宝式"家庭教育阶段。正面教育告诉我们，家庭教育遇到问题，是互相成长的机会来了。

回想近期的点点滴滴，其实早已经有了苗头，儿子与我们的沟通互动越来越少，每当我们尝试沟通，结果就是被一个字或者一个听上去冷冰冰的短句回应，"走。""嗯。""不想听！"。孩子不良行为的背后反映

出的真实含义和信息——追求归属感和价值感。在这种情形下，我们必须先建立情感连接、修复关系。我想到了正面教育中的"从错误中恢复关系的'四R'"的方法。

我选择了在孩子心情愉悦的时候与他沟通。"儿子，爸爸妈妈想与你聊一聊那天送水果的事情。"他的表情瞬间变化了，低头不出声。"那天在没有经过你同意的情况下就进房间打扰你，没有顾及你的感受，妈妈向你道歉。"儿子听我说完后表情轻松了不少，他低下的头略微抬了起来，自顾自地喝水。

"妈妈看到你学习时间有点长，想让你吃点水果放松一下。学习虽然重要，但身体更重要。爸爸妈妈都很关心你，希望你注意调节眼睛，劳逸结合。"

儿子沉默了一会后说："其实我知道你们是为我好，可是你们老是轮流进来，我做题时刚有点头绪就被你们打断了，真的很烦。如果只是吃水果，你们放在外面我自己出去吃就行了，我已经不是小孩子了。"

我连忙回应道："谢谢你告诉我们，爸爸妈妈确实考虑不周。那下次水果切好了就告诉你一声，你休息时自己出来吃。""行。"儿子爽快地应道。我接着问："那如果你晚上学习时间过长，爸爸妈妈应该怎么提醒你呢？""如果我忘了时间，可以稍微提醒一下，但是频次不要太多。"我和孩子爸爸点点头。孩子爸爸继续补充说："不过，我也提出来，在任何时候遇到任何事情，我们都不可以说出伤人的话。"我也笑着给了儿子一个拥抱："谢谢儿子，这样的沟通让我们都知道该如何做。"儿子也回了我一个拥抱。

"这次我们一家人坐在一起，从关爱出发，平等地对话，解决了问题。要不以后我们定期开这样的家庭会议吧。"我的提议获得了全家人的认同。

自此以后家里的氛围轻松了不少，我们减少了去儿子房间的次数，沟通也顺畅了很多。当父母以尊重、平等的态度相待，与孩子共同解决问题的时候，问题才会迎刃而解。

家庭会议可以让孩子参与决策过程，与家长共同解决问题，培养孩子的社会责任感。我们将周五晚饭后的时间定为"家庭会议时间"，全家人共同制定了会议的原则：以平等、公平对话的形式进行，可以不赞同他人的见解，但是要允许他人发表不同的意见。

会议第一个环节就是致谢和感激。我们互相夸夸家庭成员，这一段时间有哪些好的做法，增进了彼此间的感情。我先做出表态："这周爸爸遵守约定，在进入儿子房间前会敲门询问，尊重儿子的想法。"孩子爸爸也说："儿子与我们对话多了，家里的氛围很融洽，谢谢儿子。"儿子有点不好意思，腼腆地笑着说"还行还行"。第一次一家人正式地坐在一起"开会"，会让儿子有点尴尬，适当运用幽默感会很有效。"会议是不是要有一个主席，一个记录员，一个主持人。""我来记。"孩子爸爸连忙选择了记录员的工作。儿子瞬间来了兴趣："我肯定是会议主席的不二人选啊。"说着身板都挺直了，大家都笑了起来，我自然就成了会议主持人。

接着是围绕问题继续讨论，我鼓励孩子先发言。"你还有什么沟通方面的问题需要我们调整吗？"儿子也不客气："我已经长大了，有时你们就不要老是唠叨了，让我自己安排行不行？"我和孩子爸爸点点头："你确实已经长大了，我们应该相信你，学会放手。"

下一个环节是头脑风暴，每个家庭成员分别说出自己的解决方法。孩子爸爸将建议一一记录下来，不管内容如何都如实记录，不进行评判，这会让大家都畅所欲言，没有顾虑，解决问题的方案会更加多元。之后通过投票我们一致通过了以下的家庭约定，并根据情况随时互相提醒。

（1）有问题多沟通，互相关爱，以解决问题为主。

（2）进房间前先敲门，经过同意后可以进入，每晚进房间一到两次。

（3）学会放手，相信孩子。

（4）有事情说一次，尽量不唠叨。

当孩子与我们之间的理解不一致时，可以开诚布公地说出父母的担心："儿子，你已经长大了，爸爸妈妈有时不一定能跟上你成长的步伐，我们需要改变，但也请你给我们时间，有问题说出来，我们共同解决。"孩子会认同家长的感受，并且从中感受到了尊重与平等。

之后的一天，儿子在房间叫我："妈妈，进来一下。"我推门进去，儿子笑嘻嘻地说："没事，有时你也可以进来的，我有点累，你能帮我按下肩膀吗？"说着直接拉着我的手放到了他的肩膀上。青少年时期的孩子个性形成还不稳定，有时也需要与父母一起共享珍贵的"特别时光"。这是孩子的信任，需要我们用不一样的形式表达对他的爱。父母要遵守家庭约定，同时也要关注孩子的别样需求。

有时爱的语言并不会太自然地流露，特别是对于爸爸而言。我们又使用了"亲情小便条"，将对话内容简明扼要地写在纸条上，用另一种方式让孩子感受到我们无条件的爱。

我选择了有形状的彩色便笺纸，既体现亲情又不失仪式感，避免选择太花哨与幼稚的图案，易让孩子产生反感——当我是小朋友吗？虽然有时他们的行为还是与高大的身体外形不匹配，但依然需要父母的拥抱与关爱。

有时，爱也需要无声的沟通，家长静静地坐在孩子身边，只是享受他的陪伴。

实施效果

了解了孩子的行为背后真正的需求是获得价值感与归属感，我和孩子爸爸都改变了自己的教育观念，通过家庭会议与孩子共同提出解决问题的方法，有了更多的亲子"特别时光"。我们坚持花时间和孩子一起不断地完善和有效地跟进执行家庭约定，儿子的笑容多了，家庭氛围变得和谐融洽了。

之后，儿子会主动和我们聊关于学习、生活、校园趣事等各方面的内容，我们也在信任与尊重的基础上支持他更多地参与到家庭的事件决策中，从而使孩子更有掌控感、自主感，增强自信心。

作 者 信 息

姓　　名：刘敏　　　　　　　单　　位：广州市天河区童睿幼儿园

如何与青春期孩子相处

行为关键词： 青春期叛逆，不接受父母的意见

运用正面教育理念：

1. 纠正行为之前先建立连接；当所有方法都行不通时，试试重新建立连接。

2. 孩子的首要目的是追求归属感和价值感。

3. 花时间训练，小步前进。

4. 关注问题的解决，而非让孩子付出代价。

5. 确保把爱的讯息传递给孩子。

6. 孩子感觉好的时候，表现才会好。

运用正面教育工具：

1. 从错误中恢复关系的"四R"：承认错误—承担责任—道歉和解—专注于解决问题。

2. 有效的沟通。

行为分析

青春期的少年迫切想要独立，甚至想要脱离父母的控制。然而，他们的心理状态并没有完全成熟，还是会对父母产生依赖，在遇到困难的时候会下意识地寻求父母的帮助，自己还不能独立地完成一件事情。独立的心

理需求和能力不足的矛盾，会让他们产生许多情绪。

（1）心理极度敏感，与父母的关系容易偏离，容易产生矛盾和冲突，一言不合就会与父母大吵起来，他们有自己的想法，凡事想证明自己是对的，不像以前那么懂事，有强烈的叛逆心理。

（2）这个年纪的孩子喜欢在虚拟的世界中寻求自我价值感以及胜利的感觉，这样的孩子往往在现实生活中学习成绩不理想，没有获得足够的成就感，或者在自己成绩优越的时候没有得到父母的肯定，缺少父母的认可，所以孩子会在虚拟世界中寻找受人尊重的感觉，来弥补现实生活中的挫败感和对生活的无力感。

（3）孩子会经常把自己关在房间里，并且把房门上锁。这个时候的他们非常注重隐私，把自己的房间当作是自己的私人领地，要求家长尊重他们的隐私，未经过允许不准踏入。

正面教育告诉我们：孩子的首要目的是追求归属感和价值感。许多父母和老师对人类行为以及儿童发展了解得不够，就把与孩子年龄不相称的行为当成了不良行为，而"一个行为不当的孩子是一个丧失信心的孩子"，当孩子丧失信心时，他们就会选择其他不恰当或者错误的方式来得到价值感和归属感。

情景案例

"也许爱让此刻变成灰色，我们还是一如既往的冷漠……"手机铃声在耳边响起，我从桌面拿起手机，默默地看着来电显示，犹豫着要不要接这个电话，算了，手指还是在接听键上按了一下。"喂，又怎么啦？"我无奈地说道。"你弟弟真是太不听话了，天天在家什么都不干，只会玩游戏，每天玩到凌晨都还不睡觉，我跟他说话他理都不理，我想进去他房

间找他，但他把房间门反锁了，不让我进去，这样下去怎么办？每天这样玩游戏，本来学习就不好，现在更是越来越差了，还有一年就要参加高考了，以他现在这种成绩怎么考大学，考不上大学，他以后还能去干什么？我们说的话他都不听，昨天又因为玩手机的事跟我们大吵一架，现在叫他出来吃饭都当听不见，我们现在管不了他，拿他没办法，以后也不想管了……"

是的，电话那头是我的母亲，一个为儿子操碎了心却又不被理解，只能无奈地向女儿诉苦的母亲。我急忙安慰道："好啦，您先别生气啦，哪能真的不管他呢！这个年龄段的孩子大概都会经历叛逆的阶段，看到他这样的情况我也很着急，我们一起想想办法帮助他改变。"我们就这个话题又聊了很久。挂电话后，我陷入了沉思，父母已经不是第一次打电话向我抱怨弟弟的情况了，自从弟弟中考失利，进入职中之后，从父母口中得知他越来越叛逆，听不进意见，经常与父母产生分歧，与父母之间的矛盾也越来越大。

在我的记忆中，父母因工作繁忙，无法顾及两个孩子，于是把我和弟弟寄养在外婆家，只有寒暑假才能把我们接回家。而平日里外公外婆也经常忙于农务，很少陪伴我们。从小到大，弟弟跟我待在一起的时间居多，我与弟弟相差六岁，他的一切事情都由我负责。一晃眼，我已经大学毕业出来工作，弟弟却因中考失利进入职中，父母也从繁忙的工作中抽身出来陪伴弟弟。刚开始时，亲子关系还挺和谐，但这两年，听到最多的就是弟弟在家越来越叛逆，不是整天把自己关在房间里，就是跑出去一整天不见人，父母怎么说都不愿意听。放假时，我也发觉弟弟变化很大，每天日夜颠倒地玩手机，甚至有时一天一夜都不睡觉，边玩手机口中还边说脏话，我为此还跟他聊过几次，一开始我的劝告对弟弟还有些效果，但过不久又故态复发。看到他如今这个模样，我越来越无力。我不明白，从小听话懂事的弟弟怎么突然就变成这个模样了呢？我依稀记得小小的弟弟依偎在我身旁天真地问："姐姐，姐姐，我们什么时候才能天天见到爸爸妈妈呀？我好想他们，其他同学都有爸爸妈妈在身边，我也好想妈妈天天陪着我。"为什么现在父母都陪伴在他左右，他却越来越叛逆，甚至听不进父母的话了呢？

后来，我接触到了正面教育才知道，原来孩子的首要目的是追求归属感和价值感，而一个行为不当的孩子，只是选择了不恰当的方式来得到归属感和价值感。我不禁思考：孩子都是从哪些方面与父母发生矛盾呢？产生冲突的原因或是知识水平、思想观念、行为方式等方面存在差异；或是对子女期待过高；或是行为侵入子女的边界。找到切入点就好入手了。我先私下与弟弟电话沟通，了解了弟弟的想法，他认为爸爸妈妈只关注学习成绩不关心他，对于他的任何事情都插一手，让他很窒息；放大他的错误，每天都在他耳边唠叨不停；想要跟他们缓解一下关系时却找不到共同话题，久而久之就越来越不想和他们聊天，只想躲在自己的房间，也不想听他们说话。弟弟觉得爸爸妈妈一开口就是指责他这不好那不好，他真的很想逃离这个家。听到这些，我心里"咯噔"一下，不能再让他们的矛盾继续加深了，为了让弟弟重新在家庭中感受到父母的爱，我跟爸爸妈妈沟通以后应该怎么做才能让弟弟重新燃起对家庭的信任。爸爸妈妈也非常配合，大家都朝着共同的目标行动：我们要关注问题的解决，而非让孩子付出代价。思考了很久我们决定用三个方法来缓解双方的冲突：一是角色互换，增进理解。在家庭中，选择一个最想体验的角色，然后和这个角色拥有者交换身份不少于5个小时，去体验他（她）的生活，分享角色互换后的感受。二是表达赞美。家人轮流当被赞美的对象，其他成员说他/她的优点，每个人至少说3个。三是建立"家庭沟通约定卡"。约定沟通的时间、话题、方式，通过沟通卡解决生活中发生的矛盾。一段时间后，双方都做出了改变，父母给予弟弟想要的尊重，而弟弟也懂得了父母的良苦用心，收获颇丰，双方皆大欢喜。

实施效果

　　在帮助弟弟与父母修复关系的过程中，我明白了孩子的首要目的是追求归属感和价值感，而一个行为不当的孩子，只是选择了不恰当的方式来得到归属感和价值感。从那以后，父母在日常生活中经常对弟弟给予表扬和肯定，确保把爱的讯息传递给孩子，只有孩子感觉好的时候，表现才会好。而弟弟也逐渐感受到爱，慢慢地会接受父母给他的建议，不再沉迷手机，开始好好学习。对于他的改变，我们给予大力地表扬和肯定，促使他小步前进，一天一点进步。在得到大家的认可后，弟弟也逐步改变了对父母的看法，学习稳定进步。在今年的春季高考中，弟弟取得了不错的成绩，被广州的一所院校录取。

作 者 信 息

姓　　名：邓家英　　　　　　　单　　位：广州市天河区新昌学校